JN206858

平成31年1月1日から適用スタート!

Q&Aで理解する!
個人版 事業承継税制の仕組みと手続き

税理士法人 山田&パートナーズ 監修
税理士 北澤 淳 編著

週刊「税務通信」「経営財務」発行所
税務研究会出版局

はじめに

　個人事業者の事業承継を促す税制措置の創設は、数年前より検討事項としてあがっていたものの、小規模宅地等の評価減の規定があることにより既に大幅な税負担の軽減が図られていること等を理由として、実現してきませんでした。

　しかし、2025年には、わが国の70歳以上の中小企業経営者は245万人に達し、そのうち約半数の127万人（日本企業全体の３分の１）が後継者未定の状態で、これを現状のまま放置すれば、雇用が650万人、GDPが約22兆円失われるという試算が経済産業省・中小企業庁から公表されました。

　このような「事業承継は待ったなしの課題である」という意識を背景に、まず平成30年度税制改正において、事業承継税制（特例措置）が創設され、会社の事業承継（非上場株式等の承継）が行いやすくなりました。

そして、平成31年度税制改正において、個人事業者の事業承継を行いやすくするため、個人版事業承継税制が創設されました。

　このように、事業承継関係税制が大きく変化した時代に、私は中小企業庁において中小企業向け税制の改正、特に事業承継関係税制の改正の企画・立案をしており、事業承継税制（特例措置）の創設を担当し、個人版事業承継税制の草案を作成しました。

　個人版事業承継税制の制度設計は、基本的には事業承継税制（特例措置）に準じていますが、以下のような個人特有の論点を意識して考えま

した。

- 被相続人の純資産のうち事業用部分のみを納税猶予の対象とし家庭用部分は納税猶予の対象とならない仕組みとすること
- 後継者のみに効果が及ぶようにし、非後継者の相続税額には影響を与えないこと
- 法人に比べて事務処理能力が低いため、煩雑な事務手続きは避けること
- 事業用資産の除却・買替え等の通常の営業活動が確定事由に該当しないようにし、自由な経済取引を阻害する要因とならないようにすること

　会社の事業承継税制ほどの適用件数はないと思われるものの、少しでも使いやすくなるように、と考えて制度設計しておりますので、事業承継の場面にある事業者様には是非一度、ご検討いただきたく存じます。

　個人版事業承継税制は創設されたばかりで実務上の運用がまだ見えないところがありますので、本書は複雑な法解釈はなるべく避けて記載し、制度概要を理解していただくことを目的とし、ポイントをQ&A形式でご紹介しております。

　最後になりますが、本書の出版にあたりまして、税務研究会の知花氏に大変お世話になりました。この場を借りて、厚く御礼申し上げます。

令和元年 5 月

北澤　淳

目　次

Ⅰ．制度の概要・主な適用要件

Ⅱ．適用に関する手続き

●凡例●

通法	国税通則法
措法	租税特別措置法
措令	租税特別措置法施行令
円規	中小企業における経営の承継の円滑化に関する法律施行規則

Ⅰ．制度の概要・主な適用要件

 制度の概要

QUESTION

　個人版事業承継税制とは、どのような制度ですか？制度利用のイメージを教えてください。

POINT

　後継者の事業用資産取得に係る贈与税・相続税の納税を猶予し、後継者がさらに次世代の後継者に当該事業用資産を承継した場合等に、その猶予された税額が免除される制度です。

ANSWER

　後継者が先代事業者から特定事業用資産（P.106参照）を贈与・相続又は遺贈により取得した場合に、経営承継円滑化法に基づく都道府県知事の認定を受けたときは、特例受贈事業用資産（特定事業用資産のうち贈与税の納税猶予制度の適用を受けるものをいいます。）に係る贈与税又は特例事業用資産（特定事業用資産のうち相続税の納税猶予制度の適用を受けるものをいいます。）に係る相続税の100%について納税が猶予されます。

　納税を猶予された後継者（2代目）は、さらに次世代の後継者（3代目）にその特例受贈事業用資産又は特例事業用資産（以下、まとめて「特例事業用資産等」といいます。）を承継すれば、その後継者（2代目）について猶予されていた贈与税・相続税は免除されます。

　この個人版事業承継税制は、平成30年度税制改正により創設された非上場株式等に係る贈与税・相続税の納税猶予制度、いわゆる事業承継税

制（特例措置）に準じて設けられています。

　個人版事業承継税制の適用のイメージは、次のとおりです。

【贈与税の納税猶予のイメージ】

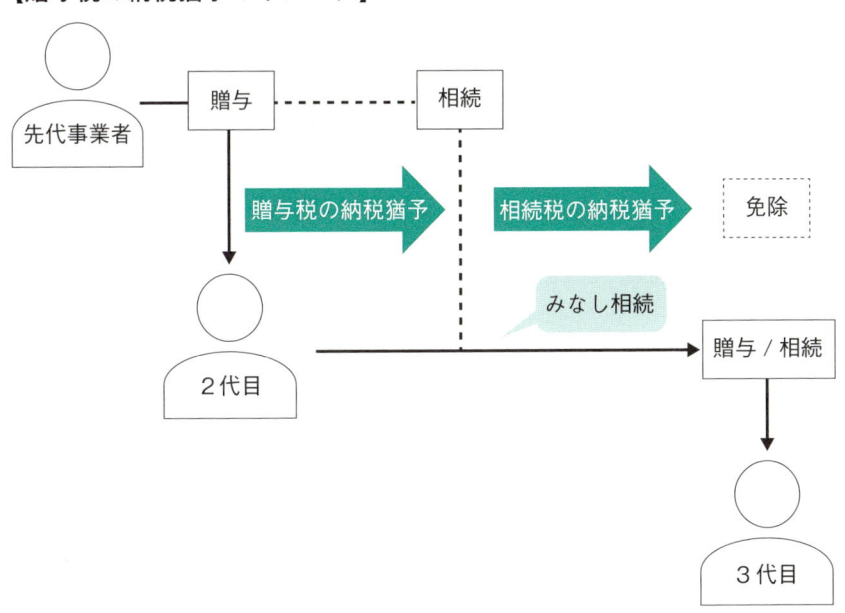

　贈与により取得した場合には、まずはその特例受贈事業用資産に係る贈与税が猶予されます。

　次に、贈与者（先代事業者）に相続が発生した場合には、その猶予された贈与税は免除されます。ただし、その事業用資産をその先代事業者からの相続により取得したものとみなして、相続税の課税対象になります。相続税の納税猶予の要件（被相続人の要件を除きます。）を満たしていることについて都道府県知事の確認を受けたうえで、相続税の申告をした場合には、その特例受贈事業用資産に係る相続税について猶予を受

けることができます。

　そして、納税を猶予された後継者（2代目）が次世代の後継者（3代目）にその特例受贈事業用資産を贈与により承継し、その次世代の後継者（3代目）が本税制の適用を受けたときや、その後継者（2代目）に相続が発生したときは、その後継者（2代目）について猶予されていた相続税は免除されます。

【相続税の納税猶予のイメージ】

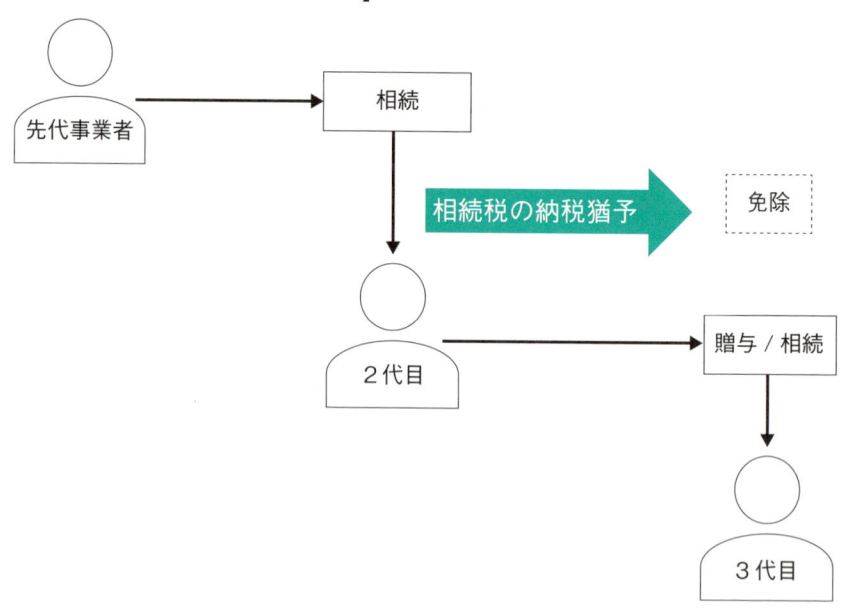

　相続により取得した場合には、その特例事業用資産に係る相続税が猶予されます。

　その後、贈与税の納税猶予の場合と同様に、納税を猶予された後継者（2代目）が次世代の後継者（3代目）にその特例事業用資産を承継し、

その次世代の後継者（3代目）が本税制の適用を受けたときや、その後継者（2代目）に相続が発生したときは、その後継者（2代目）について猶予されていた相続税は免除されます。

関連条文

措法70の6の8①⑭、70の6の9①、70の6の10①⑮

 # 適用要件等の概要

　個人版事業承継税制の適用を受けるための条件について教えてください。

　また、どういった場合に納税する必要がありますか？

　先代事業者に関する要件、後継者に関する要件のすべてを満たしていることが必要となります。

　適用後は、事業継続している限りその納税は猶予されますが、事業を廃業した場合などには納税する必要があります。

⑴　個人版事業承継税制の適用要件

　本税制が適用できるかどうかの判断にあたって、先代事業者の要件、後継者の要件をそれぞれ定めており、そのすべてを満たしていることが必要となります

　先代事業者、後継者のそれぞれの主な要件は以下の表のとおりです。

【先代事業者、後継者の主な要件】

要件区分	主な適用要件	
	贈与税の納税猶予制度	相続税の納税猶予制度
①先代事業者に関する要件	・青色申告書（65万円控除の適用に係るもの）を提出していたこと ・廃業の届出書を提出した者であること ・すでに本税制の適用を受ける贈与をした者でないこと ・総収入金額がゼロを超えること ・不動産貸付業でないこと ・資産保有型事業でないこと ・資産運用型事業でないこと ・性風俗関連特殊営業でないこと	・青色申告書（65万円控除の適用に係るもの）を提出していたこと ・廃業の届出書を提出した者であること ・総収入金額がゼロを超えること ・不動産貸付業でないこと ・資産保有型事業でないこと ・資産運用型事業でないこと ・性風俗関連特殊営業でないこと
②後継者に関する要件	・特例事業受贈者（承継計画に記載された後継者であって、経営承継円滑化法の認定を受けた者）であること ・贈与前に3年以上先代の事業に従事していたこと ・開業届を提出すること ・青色申告書（65万円控除の適用に係るもの）を提出すること ・（2022年3月31日までの贈与である場合）贈与の日において20歳以上であること ・（2022年4月1日以降の贈与である場合）贈与の日において18歳以上であること	・特例事業相続人等（承継計画に記載された後継者であって、経営承継円滑化法の認定を受けた者）であること ・相続開始直前に先代の事業に従事すること ・開業届を提出すること ・青色申告書（65万円控除の適用に係るもの）を提出すること

(2)　確定事由（納税が必要となる場合）

　本税制の適用を受けた後、事業を廃止した場合や贈与・相続等により取得した資産を売却した場合などには、猶予された税額を納税する必要があります。

　主な確定事由は以下の表のとおりです。

期限確定事由	納付額
事業を廃止した場合	全額納付
資産保有型事業又は資産運用型事業に該当した場合	
性風俗関連特殊営業をした場合	
総収入金額がゼロになった場合	
対象資産のすべてが青色申告書の 貸借対照表に計上されなくなった場合	
適用を受けることをやめる届出をした場合	
特例事業用資産等が事業の用に供されなくなった場合	事業の用に供されなくなった部分を納付

　確定事由に該当した場合には、猶予された税額に加えて、利子税を納税しなければなりません。利子税は原則として年3.6%ですが、利子税の特例（貸出約定平均金利の年平均が0.6%の場合）を適用した場合には、0.7%とされます。

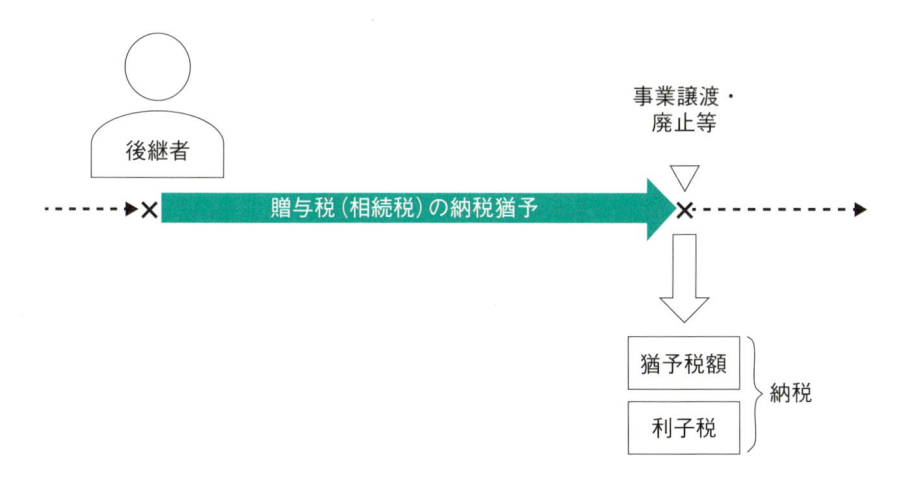

(3)　免除事由（納税が免除される場合）

　本税制の適用を受けた後、後継者からさらに次の後継者に本税制を適用して事業用資産を贈与した場合や、適用を受けた後継者に相続が発生した場合には猶予された税額が免除されます。

　主な免除事由は以下の表のとおりです。

免除事由	免除額
贈与者が死亡した場合（※）	全額免除
贈与者の死亡の時以前に受贈者が死亡した場合	
相続税又は贈与税の申告期限から5年経過後に次の後継者に贈与した場合	
重度障害により事業継続が困難となった場合	
特例事業用資産等を第三者に一括譲渡した場合	時価又は譲渡価額を上回る部分を免除
民事再生計画の認可決定等があった場合	

経営環境の変化があった場合において、特例事業用資産等の一括譲渡を行った場合	時価又は譲渡価額を基に再計算した税額と猶予税額の差額を免除
経営環境の変化があった場合において、特例事業用資産等に係る事業を廃止した場合	

（※）猶予された贈与税は免除されますが、相続税の課税対象となります。

　本税制の適用を受ける贈与税・相続税の申告期限から5年経過後に、納税を猶予されている後継者（2代目）からさらに次世代の後継者（3代目）にその特例事業用資産等を贈与し、その次世代の後継者（3代目）が本税制の適用を受ける場合には、その後継者（2代目）について猶予されていた贈与税・相続税は免除されます。

　そのため、後継者（2代目）は事業承継後、少なくとも5年間は事業を継続する必要がありますので、事業承継時に自己の強み・弱みを把握する取組みが必要となると考えます。

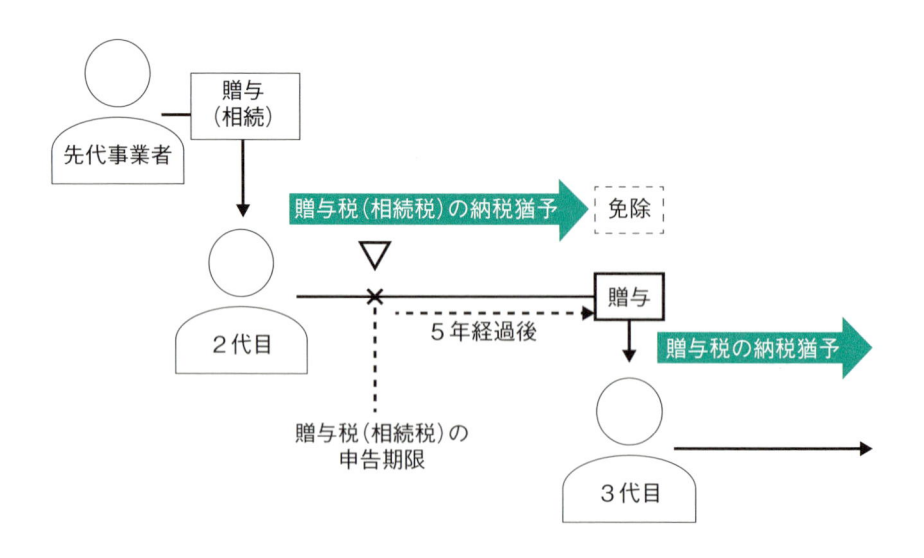

関連条文

措法70の 6 の 8 ②二・③④⑭⑯⑰⑱、70の 6 の10②二・③④⑮⑰⑱⑲

措令40の 7 の 8 ①、40の 7 の10①

円規 6 ⑯七・八

③ 適用するための手続き

QUESTION

個人版事業承継税制の適用を受けるための手続きを教えてください。

POINT

以下の4つのステップにより、適用を受けることができます。

⑴ 個人事業承継計画を作成し、認定経営革新等支援機関からの指導及び助言を受けたうえで、都道府県庁への確認申請を行います。

⑵ 先代事業者から後継者へ特定事業用資産の贈与・相続等を行います。

⑶ ⑵の後一定の期間内に、都道府県庁へ認定申請を行います。

⑷ 都道府県庁から発行された確認書・認定書を添付して、税務署に贈与税・相続税の申告をすることで本税制の適用を受けることができます。

ANSWER

本税制の適用を受けるにあたっては、基本的には「個人事業承継計画の作成」→「都道府県庁への確認申請」→「特定事業用資産の贈与・相続」→「都道府県庁への認定申請」→「税務署への申告」という流れになります。

⑴ まずは先代事業者及び後継者が協力して個人事業承継計画を作成し、その個人事業承継計画について認定経営革新等支援機関からの指

導及び助言を受けたうえで、先代事業者の納税地がある都道府県庁へ確認申請を行います。個人事業承継計画の提出期間は平成31年（2019年）4月1日から令和6年（2024年）3月31日までの間に限られています。

(2) 平成31年（2019年）1月1日から令和10年（2028年）12月31日までの間に先代事業者から後継者へ特定事業用資産の贈与を行います（又は、後継者が相続等により取得します。)。なお、先代事業者からの贈与・相続の日以後1年間に限り、先代事業者と生計を一にする配偶者その他の親族等から特定事業用資産の贈与・相続等を受けた場合には、その贈与・相続等に係る贈与税・相続税も本税制の適用を受けることができます。

(3) (2)の後一定の期間内に、後継者の納税地がある都道府県庁へ認定申請を行います。

原則として、贈与税の納税猶予の適用を受ける場合には贈与があった年の10月15日から翌年1月15日までに、相続税の納税猶予の適用を受ける場合には相続開始の日の翌日から5か月を経過する日から8か月を経過する日までの間に、都道府県庁へ認定申請を行う必要があります。

(4) 都道府県庁から発行された確認書・認定書を添付して、税務署に贈与税・相続税の申告をすることで本税制の適用を受けることができます。

なお、事業の状況や個人の状況は様々ですので、以下のような柔軟な対応が認められています。

● 特定事業用資産の贈与年と、個人事業承継計画の作成年が同じであれば、個人事業承継計画の確認申請と個人版事業承継税制の各種要

　件を満たしていることの認定申請は、同時に行うことができます。
● 個人事業承継計画が提出できる期間内であれば、先代事業者からの
　贈与・相続の後に個人事業承継計画を作成・提出することもできま
　す。
　したがって、以下のケースにおいては、いずれも適用可能となりま
す。

【個人事業承継計画と認定申請書のパターン】

① 　一般的な場合

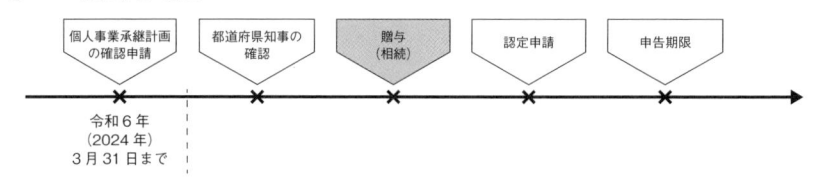

②-1 　贈与の場合（計画と認定申請の同時提出）

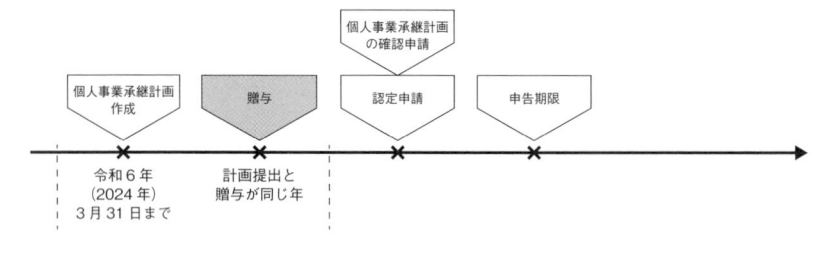

②-2　相続の場合（計画と認定申請の同時提出）

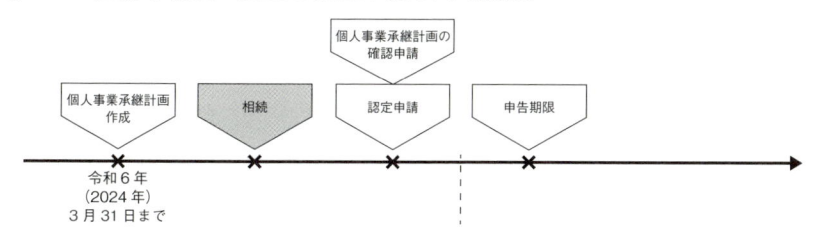

③-1　贈与の場合（贈与後に計画作成した場合）

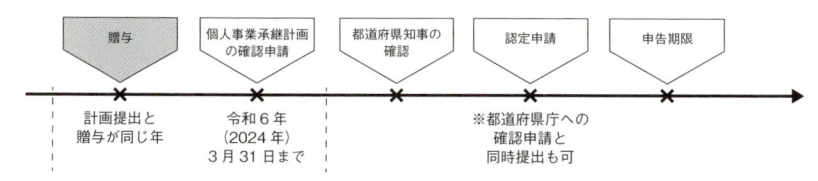

③-2　相続の場合（相続後に計画作成した場合）

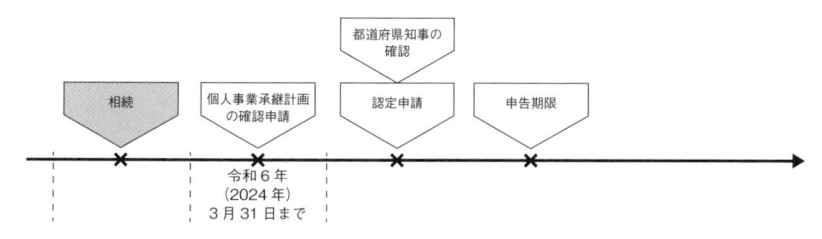

関連条文

円規7⑩⑪、16三、17④

猶予税額の計算方法（贈与）

QUESTION

　事業用資産を贈与により取得した場合の猶予税額及び納税額の計算方法を教えてください。

POINT

　猶予税額及び納税額の計算にあたっては、次の3ステップにより計算します。

ステップ1　その年分の贈与税の総額を計算します。

ステップ2　後継者が、その年中に贈与された財産が本税制の適用を受ける資産のみと仮定した贈与税額を計算します（＝猶予税額）。

ステップ3　ステップ1の金額からステップ2の金額を差し引いた金額が納税額です。

　なお、ステップ1及びステップ2の贈与税額については、暦年課税制度又は相続時精算課税制度のいずれかの方法により計算した金額を用います。

ANSWER

⑴　猶予税額計算（贈与）の3つのステップ

ステップ1（贈与税の総額）

　贈与を受けたすべての財産の価額の合計額に基づき贈与税額を計算します。

ステップ2（猶予税額）

　贈与を受けた財産がこの制度の適用を受ける特例受贈事業用資産のみであると仮定して贈与税額を計算します。

ステップ3（納税額）

　ステップ1により計算した贈与税額から、ステップ2により計算した贈与税額（猶予税額）を差し引いた金額が、その贈与に係る申告期限までに納付する金額となります。

【贈与税の納税猶予税額等のイメージ】

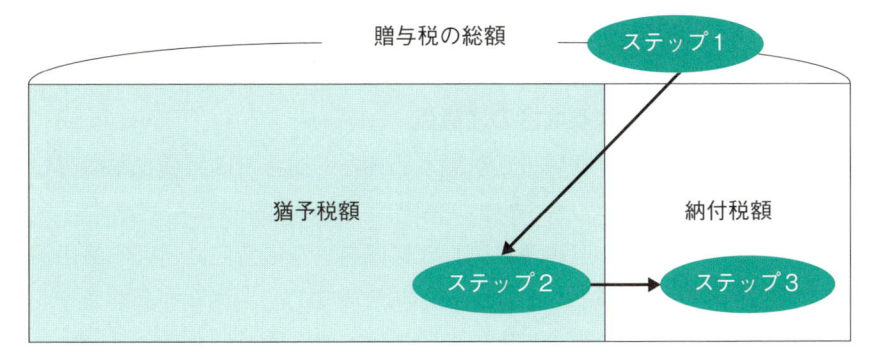

⑵　**負担付贈与である場合の注意点**

　贈与を受けた特定事業用資産のうち本税制の適用を受けるものの価額から、債務その他の負担の額を控除した金額が猶予税額の基礎とされます。

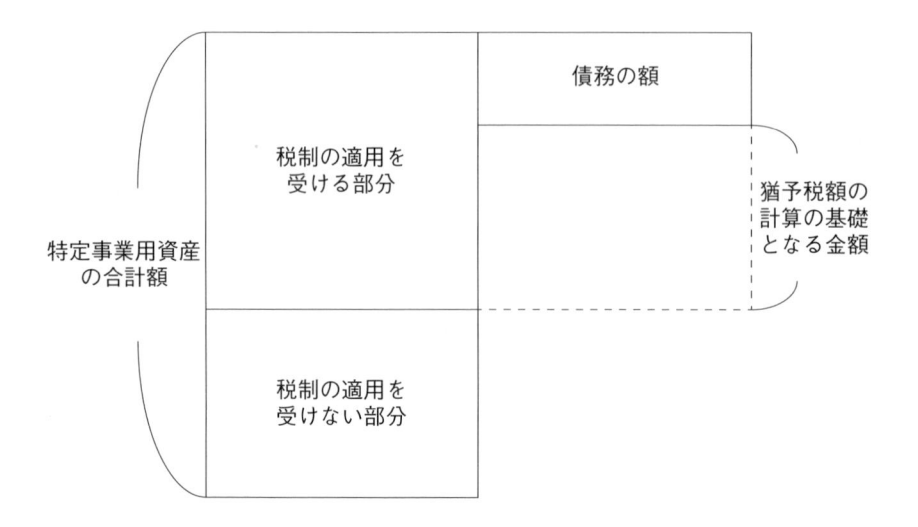

⑶ **暦年課税制度による場合の注意点**

　暦年課税制度により贈与税を計算する場合、贈与税は累進税率となります。

　事業用資産と非事業用資産を同じ年に贈与した場合には、非事業用資産に係る納税額が高額となるケースがありますので、注意が必要です。

　例えば、下記のようなケースにおいては、贈与を受けた現金はいずれも500万円ですが、納税額は大きく異なります。

※贈与を受けた者は20歳以上で直系尊属からの贈与の場合

（例１）　現金500万円のみ贈与を受けた場合

　　　　納税額：（500万円−110万円）×15%−10万円＝48万5,000円

（例２）　現金500万円と事業用資産5,000万円の贈与を受けた場合

　　　　贈与税の総額：（500万円＋5,000万円−110万円）×55%

　　　　　　　　　　　　　　　　　　−640万円＝2,324万5,000円

猶予税額：(5,000万円－110万円)×55%－640万円

$$=2,049万5,000円$$

納税額：2,324万5,000円－2,049万5,000円＝275万円

(4) 相続時精算課税制度による場合の注意点

　相続時精算課税制度の特別控除額は、猶予税額を計算するうえでも考慮されます。そのため、非事業用資産について納税額が発生するケースがあります。

　例えば、下記のようなケースにおいては、贈与を受けた現金に係る贈与税を納付する必要があります。

（例）　現金500万円と事業用資産5,000万円の贈与を受けた場合

　　贈与税の総額：(500万円＋5,000万円－2,500万円)×20%

$$=600万円$$

　　猶予税額：(5,000万円－2,500万円)×20%＝500万円

　　納税額：600万円－500万円＝100万円

　贈与税の納税猶予制度は、その年において生じた贈与税の支払いを猶予する制度です。したがって、特定事業用資産の価額の合計額が特別控除額相当額である2,500万円（その年の前年以前に既に相続時精算課税制度の適用を受けている場合には2,500万円から既に適用を受けた金額を控除した残額。）以下の場合には、その年において生じた贈与税額が0円となりますので相続時精算課税制度を適用したうえでこの制度の適用を受けることは出来ません。

　また相続時精算課税制度は一度選択したら撤回することができません。特定事業用資産の贈与年の翌年以後に同じ贈与者から贈与を受けた

場合には暦年課税制度を選択することは出来ず、その贈与を受けた財産の価額の20%相当額を納税することになります。

関連条文

　措法70の6の8②三

　措令40の7の8⑧⑨

5　猶予税額の計算方法（相続）

QUESTION

　事業用資産を相続等により取得した場合の猶予税額及び納税額の計算方法を教えてください。

POINT

　猶予税額及び納税額の計算にあたっては、次の3ステップにより計算します。

ステップ1　その相続に係る相続税の総額を計算します。

ステップ2　後継者が、その相続により取得した財産が本税制の適用を受ける資産のみと仮定した相続税額を計算します（＝猶予税額）。

ステップ3　ステップ1の金額からステップ2の金額を差し引いた金額を納税します。

ANSWER

⑴　猶予税額計算（相続）の3つのステップ

ステップ1（相続税の総額）

　課税価格の合計額に基づいて計算した相続税の総額のうち、後継者の取得した財産の課税価格に対応する相続税を計算します。

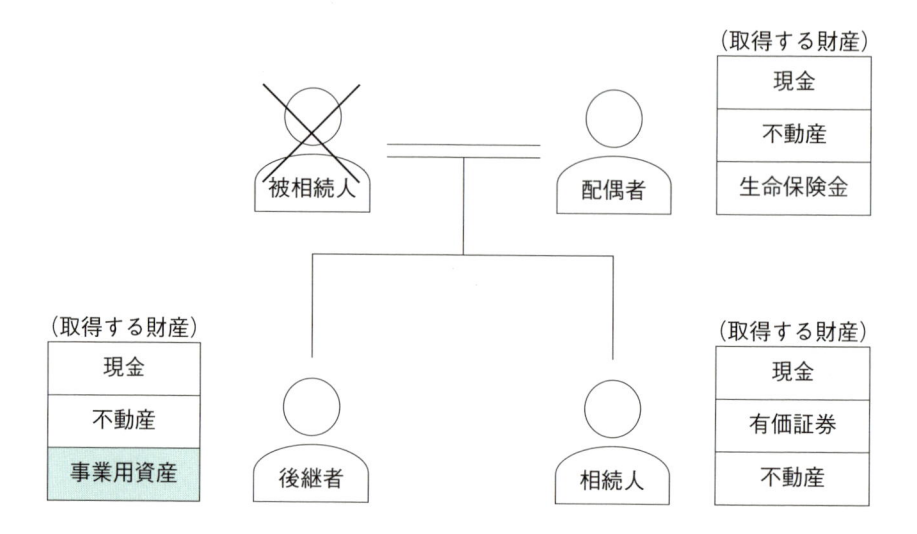

ステップ2 （猶予税額）

　後継者が取得した財産がこの制度の適用を受ける事業用資産のみであると仮定して後継者の相続税を計算します。

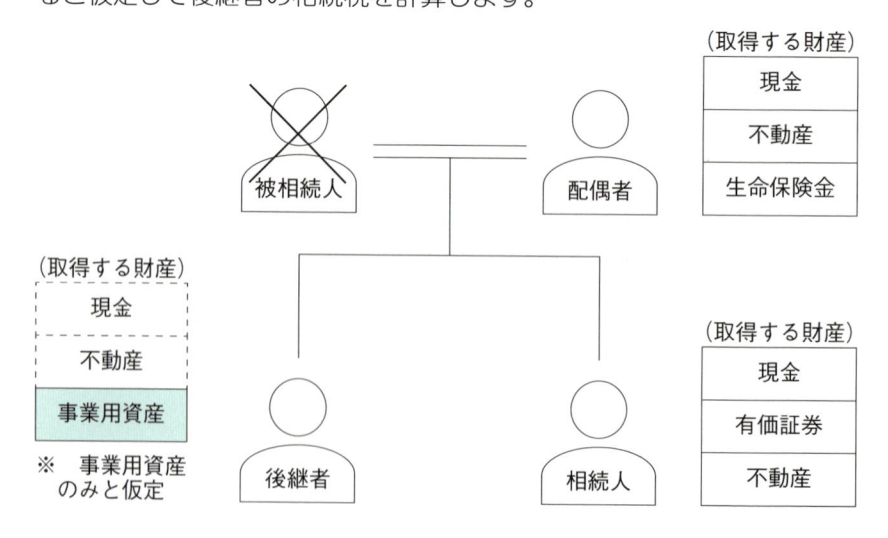

ステップ3（納税額）

　ステップ1により計算した相続税額から、ステップ2により計算した相続税額（猶予税額）を差し引いた金額が、その相続に係る申告期限までに納付する金額となります。

⑵　相続税の納税猶予税額のイメージ

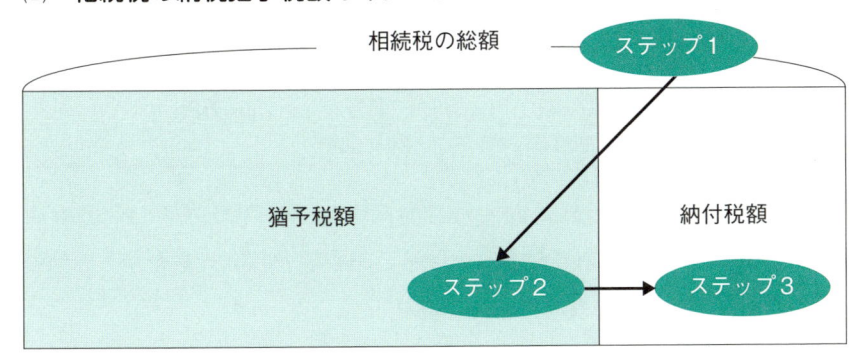

⑶　相続税の納税猶予制度の注意点

　相続税は累進税率で計算します。また、猶予税額は、後継者が取得した財産がこの制度の適用を受ける特例事業用資産のみであると仮定して計算します。

　したがって、被相続人の課税価格の合計額が同額であったとしても、遺産分割の仕方によっては猶予税額・納税額が異なってきますので、注意が必要です。

　例えば、下記のようなケースにおいては、後継者が取得した事業用資産の額はいずれも1億円ですが、非事業用資産を取得した場合には猶予税額は低くなります。

（前提）　被相続人の課税価格の合計額2億円（事業用資産1億円、その他の財産1億円）。相続人は子2人のみ。

相続税の総額：（2億円−4,200万円）÷2＝7,900万円

　　　　　　　（7,900万円×30%−700万円）×2＝3,340万円

（例1）　後継者が取得した財産が事業用資産1億円のみである場合（非後継者がその他の財産1億円取得。）

後継者の相続税額	3,340万円×1億円／2億円＝1,670万円
猶予税額	（2億円−4,200万円）÷2＝7,900万円 （7,900万円×30%−700万円）＝1,670万円
納税額	1,670万円−1,670万円＝0円

（例2）　後継者が取得した財産が事業用資産1億円及びその他の財産5,000万円の合計1億5,000万円である場合（非後継者がその他の財産5,000万円取得。）

後継者の相続税額	3,340万円×1億5,000万円／2億円＝2,505万円
猶予税額	（1億5,000万円（※）−4,200万円）÷2＝5,400万円 （5,400万円×30%−700万円）×2＝1,840万円 1,840万円×1億円／1億5,000万円＝1,266万6,600円（百円未満切捨て） （※）　後継者が取得した事業用資産1億円及び非後継者が取得したその他の財産5,000万円の合計額。
納税額	2,505万円−1,266万6,600円＝1,238万3,400円

(4)　被相続人に債務がある場合の注意点

　被相続人が債務を有している場合の猶予税額は、後継者が取得した事業用資産の価額からその債務の額（明らかに事業用でない債務の額を除きます。）を控除した金額を基礎として計算します。

被相続人の財産及び債務

特例事業用資産 3億円	事業用債務 1億円
	その他債務 0.2億円
	教育ローン 0.3億円
その他の資産 2億円	課税価格 3.5億円 （5億円－1.5億円）

猶予税額の計算

特例事業用資産 3億円	事業用債務 1億円
	その他債務 0.2億円
	猶予税額の計算の基礎となる金額 1.8億円 （3億円－1.2億円）

　したがって、被相続人に債務（明らかに事業用でない債務を除きます。）がある場合には、猶予税額が小さくなります（相続税の申告期限までに納付する金額が大きくなります。）。

関連条文

　措法70の6の10②三
　措令40の7の10⑨〜⑪

6 主な適用要件（後継者）

QUESTION

　個人版事業承継税制の適用を受けるための要件のうち、後継者の要件について教えてください。

POINT

　後継者は、以下の要件を満たしている者をいいます。

(1)　中小企業者であり、かつ、個人事業主として事業を営む者であること

(2)　贈与又は相続等により先代事業者からその事業に係る特定事業用資産のすべてを取得していること

(3)　①贈与の日において、その特定事業用資産に係る事業又はこれと同種の事業に3年以上従事していること

　　②相続の開始の直前において、その特定事業用資産に係る事業又はこれと同種の事業に従事していたこと（被相続人が60歳未満で死亡した場合を除きます。）

(4)　取得した特定事業用資産のすべてを有し、かつ、事業の用に供していること

(5)　取得した特定事業用資産を資産保有型事業、資産運用型事業及び性風俗関連特殊営業の用に供していないこと

(6)　開業の届出書を提出していること

(7)　青色申告の承認を受けていること又は受ける見込みであること

(8)　個人事業承継計画に記載されている者であること

(9)　贈与の日において18歳以上（令和4年（2022年）3月31日までは20歳

以上）であること

ANSWER

　本税制の適用を受ける後継者は、下記のすべての要件を満たしている必要があります。

(1)　中小企業者であり、かつ、個人事業主として事業を営む者であること

　✓　経営承継円滑化法に規定する中小企業者は、基本的に中小企業基本法に規定する中小企業者の範囲と同一です。したがって、後継者が営む事業に係る従業員数が、業種ごとに定められた従業員数以下であれば中小企業者とされます。なお、会社とは異なり個人事業主に資本金の概念はないため、従業員数のみをもって判定します。

(2)　贈与又は相続等により先代事業者からその事業に係る<u>特定事業用資産のすべてを取得している</u>こと

　✓　先代事業者が土地・建物・機械を有していたのであれば、その土地・建物・機械のすべてについて贈与を受ける必要があります。土地のみ贈与を受け、建物・機械は贈与してもらわない（先代事業者が所有し続ける。）場合には、要件を充足しないことになります。相続の場合も同様です。

　✓　贈与を受けた者が法人である場合、その法人に対して法人税が課されることになります。贈与税・相続税は課されないため、本税制の適用対象外となります。

(3)　①贈与の日において、その特定事業用資産に係る事業又はこれと同種の事業に3年以上従事していること

　②相続の開始の直前において、その特定事業用資産に係る事業又はこれと同種の事業に従事していたこと（被相続人が60歳未満で死亡した

場合を除きます。）

- ✓ その特定事業用資産に係る事業又はこれと同種の事業に3年以上従事することで、次の後継者として必要な知識・経験等が養われると考えられることから、この要件は計画的な事業承継の観点からも必要であると考えられます。
- ✓ 相続はいつ発生するかわからないという理由があるために3年以上という制限は設けられていませんが、相続発生の時において特定事業用資産に係る事業等に従事している必要がある点に注意が必要です。
- ✓ 当該事業に必要な知識及び技能を習得するための大学、高等専門学校、その他の教育機関における就学していた期間も、本要件を充足するための期間に含めることができます。

(4) 申告期限まで引き続き取得した特定事業用資産のすべてを有し、かつ、事業の用に供していること

- ✓ 申告期限まで引き続き取得した特定事業用資産を自己の事業の用に供している必要があります。

(5) 取得した特定事業用資産を、資産保有型事業、資産運用型事業、性風俗関連特殊営業の用に供していないこと

- ✓ 特定事業用資産に係る事業が資産保有型事業、資産運用型事業、性風俗関連特殊営業であった場合には適用を受けることができません。
- ✓ なお、後継者が複数の事業を営んでいる場合には、特定事業用資産に係る事業がこれらの事業に該当しなければ本税制の適用を受けることができます。

(6) 開業の届出書を提出していること

- ✓ 後継者が開業しているかどうかは、「個人事業の開業・廃業等届

出書」により確認することとされています。

(7)　青色申告の承認を受けていること又は受ける見込みであること

✓　後継者についても、先代事業者と同様に青色申告の承認を受けていることが要件とされます（P.31⑦主な適用要件（先代事業者）(2)参照）。

✓　青色申告の承認申請にあたっては、青色申告の承認を受けようとする年の12月31日までに承認又は却下の処分がなかったときは、その12月31日において承認があったものとみなすこととされています。都道府県庁への認定申請の時点においては12月31日以前に提出するケースもあると考えられますので、そのようなケースにおいては青色申告の承認を受ける見込みの者であっても要件を充足していることとされます。

✓　青色申告の承認を受けることが出来なかった場合には、全額を納税する必要があります。

(8)　個人事業承継計画に記載されている者であること

✓　早期かつ計画的な事業承継を促すため、本税制は都道府県知事の確認を受けた個人事業承継計画に記載されている者が適用を受けることとされています。

(9)　贈与の日において18歳以上であること

✓　事業承継後の安定した経営に資する観点から、後継者は成人した者であることが求められております。なお、令和４年（2022年）３月31日までは20歳以上とされます。

関連条文

措法70の６の８②二、70の６の10②二

円規６⑯七イ〜チ、６⑯ハイ〜ト

 主な適用要件（先代事業者）

QUESTION

　個人版事業承継税制の適用を受けるための要件のうち、先代事業者の要件について教えてください。

POINT

　先代事業者は、以下の要件を満たしている者をいいます。

(1)　中小企業者であり、かつ、個人事業主として事業を営んでいた者であること

(2)　贈与年又は相続開始の日の属する年、その前年、その前々年において、事業所得に係る青色申告書で租税特別措置法25条の２第３項の規定の適用に係るもの（いわゆる65万円控除の適用を受けているもの）を提出していたこと

(3)　特定事業用資産に係る事業が、資産保有型事業、資産運用型事業、性風俗関連特殊営業に該当しないこと

(4)　特定事業用資産に係る事業の総収入金額がゼロを超えること

(5)　廃業の届出書を提出した者であること

(6)　既に本税制の適用を受ける贈与をした者ではないこと

ANSWER

　本税制の適用を受ける先代事業者は、下記のすべての要件を満たしている必要があります。

(1)　中小企業者であり、かつ、個人事業主として事業を営んでいた者であること

✓　経営承継円滑化法に規定する中小企業者は、基本的に中小企業基本法に規定する中小企業者の範囲と同一です。したがって、先代事業者が営んでいた事業に係る従業員数が、業種ごとに定められた従業員数以下であれば中小企業者とされます。なお、会社とは異なり個人事業主に資本金の概念はないため、従業員数のみをもって判定します。

(2)　贈与年又は相続の開始の日の属する年、その前年、その前々年において、事業所得に係る青色申告書で租税特別措置法25条の2第3項の規定の適用に係るもの（いわゆる65万円控除の適用を受けているもの）を提出していたこと

✓　事業所得とされる事業を営んでいたことが必要となります。不動産賃貸業は不動産所得とされるため、たとえ事業的規模で営んでいたとしても本税制の適用を受けることはできません。

✓　事業用資産の把握にあたっては青色申告書を活用することを前提として制度が設けられております。そのため、その青色申告書に一定程度の確からしさが必要とされます。その確からしさを確保するため、帳簿書類を備え付け、これに事業の所得金額に係る一切の取引を詳細に記録している者（青色申告特別控除（65万円控除）の適用を受ける者）のみが対象とされています。

(3)　贈与年の前年又は相続の開始の日の属する年の前年において、特定事業用資産に係る事業が、資産保有型事業、資産運用型事業、性風俗関連特殊営業に該当しないこと

✓　(2)のとおり、不動産賃貸業は本税制の対象外とされていますが、それ以外にも特定事業用資産に係る事業が資産保有型事業（P.107参照）、資産運用型事業（P.108参照）、性風俗関連特殊営業であった場合には適用を受けることができません。

- ✓　なお、先代事業者が複数の事業を営んでいた場合には、特定事業用資産に係る事業がこれらの事業に該当しなければ本税制の適用を受けることができます。

(4)　贈与年の前年又は相続の開始の日の属する年の前年において、特定事業用資産に係る事業の総収入金額がゼロを超えること

- ✓　特定事業用資産に係る事業の総収入金額がゼロを超えること、つまりその事業による営業収入が必要です。

(5)　廃業の届出書を提出した者であること

- ✓　先代事業者が廃業しているかどうかは、「個人事業の開業・廃業等届出書」により確認することとされています。
- ✓　遅くとも、当該贈与に係る都道府県庁への認定申請期限までに廃業届出を提出している必要があります。
- ✓　相続の場合、相続の開始により当然に事業が廃業することとなりますが、相続発生の日から1か月以内に廃業の届出書を提出する必要があります。

(6)　既に本税制の適用を受ける贈与をした者ではないこと

- ✓　本税制の適用を受けることが出来る贈与は基本的に1回限りとされています。
- ✓　ただし、同一年中に限り、事業ごとに各後継者に贈与することも可能です。

関連条文

措令40の7の8①一、40の7の10①一
円規6⑯七ハ～カ、6⑯ハチ～ヲ

⑧ 主な適用要件（先代事業者以外の者）

QUESTION

先代事業者以外の者が保有していた事業用資産であっても、本税制の適用を受けることはできるのでしょうか。

POINT

　先代事業者と生計を一にする配偶者その他の親族等（以下「生計一親族等」といいます。）から贈与又は相続により取得した特定事業用資産で、先代事業者からの贈与の日又は先代事業者の相続の開始の日から1年以内に取得したもので一定のものについては、本税制の適用を受けることができます。

ANSWER

　先代事業者以外の者からの贈与又は相続により取得した特定事業用資産であっても、下記の要件のすべてを満たしているものについては本税制の適用を受けることができます。

⑴　先代事業者と生計を一にする配偶者その他の親族等であること

　✓　先代事業者から後継者が相続により取得しているケースも考えられるため、「先代事業者の相続の開始の直前において、その先代事業者と生計を一にしていた配偶者その他の親族」も含まれることとされています。

⑵　先代事業者からの贈与の日又は先代事業者の相続の開始の日から1年以内に取得したものであること

　✓　先代事業者からの贈与の日又は相続の開始の日以後1年以内に取

得した場合に限り、適用を受けることができます。

(3)　当該贈与に係る贈与申請基準日において、後継者が営む事業が性風俗関連特殊営業に該当しないこと

(4)　先代事業者が生計一親族等の有する事業用資産を用いて事業を行っていること

　　✓　所得税法第56条の規定（事業から対価を受ける親族がある場合の必要経費の特例）により、生計一親族等が有する事業用資産で先代事業者の事業の用に供されていたものは、その先代事業者の事業所得に係る青色申告の貸借対照表に記載します。この貸借対照表に記載されていた特定事業用資産のみが本税制の対象となります。

(5)　既に本税制の適用を受ける贈与をした者ではないこと

(6)　先代事業者から本税制の適用を受ける贈与又は相続により特定事業用資産を取得した者であること

　　✓　事業承継税制（会社）では、先代事業者からの贈与又は相続により株式等を取得していない者であっても、先代事業者以外の者から贈与又は相続により株式等を取得した場合には事業承継税制の適用を受けることができますが、本税制においては先代事業者から特定事業用資産を取得していない者は、本税制の適用を受けることができません。

【承継のパターン】

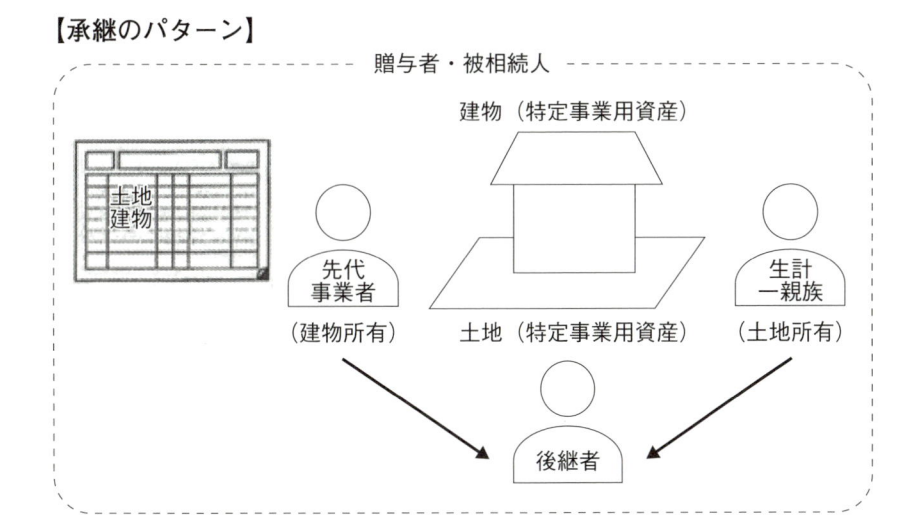

【特例の対象となる承継パターン】

先代事業者	生計一親族
贈与	贈与
贈与	相続
相続	贈与
相続	相続

（注1）　生計一親族からの贈与・相続は、先代事業者からの贈与・相続後1
　　　　年以内にされたものに限る。

（注2）　生計一親族からの贈与・相続後にされた先代事業者からの贈与・相
　　　　続は特例対象外。

関連条文

　措令40の7の8①二、40の7の10①二

　円規6⑯九・十

⑨　個人事業承継計画

QUESTION

個人事業承継計画について教えてください。

POINT

(1)　本税制の適用を受ける場合には、個人事業承継計画を作成し、都道府県知事の確認を受ける必要があります。

(2)　個人事業承継計画には、事業承継前後の経営見通しを記載し、認定経営革新等支援機関の指導及び助言を受ける必要があります。

(3)　個人事業承継計画が提出できる期間は、平成31年（2019年）4月1日から令和6年（2024年）3月31日までとなっています。

(4)　個人事業承継計画は、都道府県知事の確認を受けた後でも、認定経営革新等支援機関の指導及び助言を受けたうえで変更することができます。

ANSWER

(1)　**対象者**

　　本税制の適用を受けることが出来るのは、個人事業承継計画を作成し、その個人事業承継計画に記載された個人に限られています。

(2)　**記載事項**

　　先代事業者の氏名、後継者の氏名、事業承継するまでの経営見通し、事業承継をした後の経営見通しといった内容を記載します。

　　また、個人事業承継計画は「中小企業における経営の承継の円滑化に関する法律施行規則」に定められているため、個人事業承継計画を

提出できるのは中小企業者に限定されます。したがって、先代事業者が中小企業者に該当することを確認するため、従業員数についても記載が必要です。常時使用する従業員の数は、青色申告書の「給料賃金の内訳」等で確認します。

従業員数がゼロ人であったとしても、個人事業承継計画を提出することができます。

⑶　提出期間

個人事業承継計画が提出できる期間は、平成31年（2019年）4月1日から令和6年（2024年）3月31日までとなっています。

贈与・相続自体は、平成31年（2019年）1月1日から令和10年（2028年）12月31日までに発生しているものが対象となりますが、個人事業承継計画は令和6年（2024年）3月31日までに提出する必要があります。これは、事業承継には時間がかかることから早期に事業承継に向けた準備に取り組んでもらう必要があるためです。

なお、個人事業承継計画の提出日が令和6年（2024年）3月31日までであれば良く、都道府県知事の確認を受ける日付は令和6年（2024年）4月1日以降となっても差し支えありません。

⑷　計画の変更

個人事業承継計画に記載された後継者を変更する場合には必ず変更申請を行わないといけません。変更申請を提出する際には、改めて認定経営革新等支援機関の指導及び助言を受ける必要があります。なお、当初提出時とは別の認定経営革新等支援機関から指導及び助言を受けても構いません。

一方で、事業承継するまでの経営見通し、事業承継をした後の経営見通しについては、必ずしも変更申請を提出する必要はありません。ただし、当初は具体的な経営計画が記載されていなかった場合、認定

経営革新等支援機関の指導及び助言を受けたうえで、それを具体化するための計画の変更の手続きを行うことが求められます。

⑸ 計画通りに実行できなかった場合

個人事業承継計画の確認を受けたにもかかわらず、事業用資産の贈与等を行わなかった場合においても、罰則はありません。

個人事業承継計画を提出した後も、⑷のとおり個人事業承継計画の変更は可能です。そのため、少しでも本税制の適用を受ける可能性があるのであれば、とりあえず個人事業承継計画の提出を行っておくことをおすすめします。

● なぜその取組みを行うのか。
● その取組みの結果、どのような効果が期待されるか。

| 事実 | → | 予想 | → | 対策 |

記載例（小売業）

| 少子高齢化時代 | おもちゃ需要の減少 | おもちゃ以外にも文房具も販売 |

記載例（サービス業）

| 車文化の生活圏。駅前であっても人通りはまばら。 | 車ならば、かさばる荷物を運ぶことも可能。 | コート・ふとん類に対するサービスの強化。 |

関連条文

円規16三、17④

⑩　担保の提供

　国に担保を提供する必要があると聞きましたが、その内容について教えてください。

POINT

(1)　申告期限までに、猶予税額に相当する担保を提供する必要があります。

(2)　事業承継税制（会社）における担保のみなし充足規定のような措置は設けられていません。

ANSWER

(1)　本税制の適用を受ける場合には、申告期限までに、猶予税額及び利子税に相当する担保を提供する必要があります。また、その担保の見積価額が猶予税額を超えるように担保を提供する必要があり、その見積価額はその担保の種類ごとに設定されています。

　提供できる財産の種類は、次に掲げるものに限られます。

- 国債及び地方債
- 社債その他の有価証券で税務署長が確実と認めるもの
- 土地
- 建物、立木、登記される船舶などで、保険に附したもの
- 鉄道財団、工場財団など
- 税務署長が確実と認める保証人の保証

　なお、相続又は遺贈により取得した財産に限らず、相続人の固有の

財産などについても担保として提供することができます。

(2)　事業承継税制（会社）においては猶予対象株式等のすべてを担保として提供した場合には、猶予税額等に見合う担保提供があったものとみなす特例が設けられていますが、本税制においてはそのような特例は設けられていません。土地等の事業用財産を担保提供した場合には、その後の金融機関からの借入れに影響を与える可能性がありますので、十分に配慮する必要があります。

関連条文

通則法50

措法70の7の5④、70の7の6④、70の7の8④

⑪ 小規模宅地等との選択適用

QUESTION

　土地については小規模宅地等の評価減を、建物・機械等については個人版事業承継税制の適用を受けることはできるのでしょうか？

POINT

(1)　相続等により土地等を含む特例事業用資産等を取得した場合に、個人版事業承継税制及び小規模宅地等の評価減の特例（特定事業用宅地等）を併用することはできず、いずれか一方を選択して適用を受けることになります。

(2)　贈与税の納税猶予を受けている者に係る贈与者が死亡したことにより、その特例事業用資産等を相続により取得したとみなされた場合における相続税の計算において、小規模宅地等の評価減の特例（特定事業用宅地等）へ変更することはできません。

(3)　小規模宅地等の評価減の特例（特定事業用宅地等）を適用した場合には後継者以外の相続人に係る相続税の軽減効果もあります。そのため、個人版事業承継税制の適用を受ける場合には、後継者以外の相続人の理解を得る必要があります。

ANSWER

(1)　**相続等により取得した場合の取扱い**

　相続等により土地等を含む特例事業用資産等を取得した場合には、個人版事業承継税制及び小規模宅地等の評価減の特例（特定事業用宅

地等）を併用することはできず、いずれか一方を選択して適用を受けることになります。

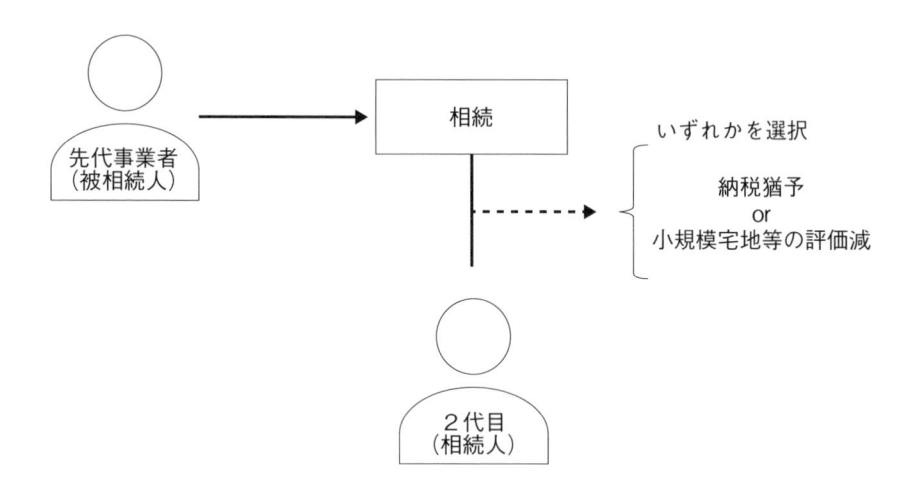

　財産債務の状況、相続人の数、後継者が取得する財産の種類及び金額等によって、いずれの制度を適用した方が納税額が少なくなるか異なることになりますので、納税者にとって有利な方法を試算する必要があります。

⑵　贈与により取得した場合の取扱い

　贈与税の納税猶予を受けている後継者に係る贈与者に相続が発生したことにより当該特例事業用資産等を相続により取得したとみなされた場合におけるその相続等により取得したとみなされた土地等については、仮に相続税の納税猶予の適用を受けないとしても小規模宅地等の評価減の特例（特定事業用宅地等）を適用することはできません。

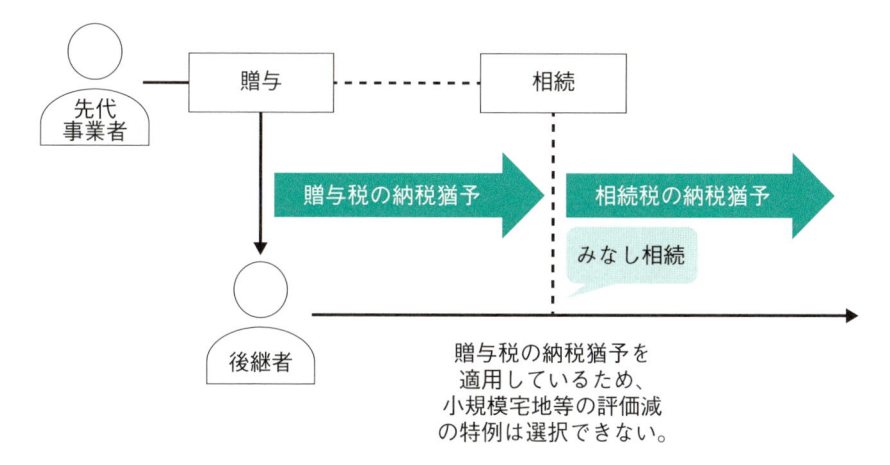

(3)　他の相続人への影響

　小規模宅地等の評価減の特例（特定事業用宅地等）の適用を受けた場合には、課税遺産総額が減少することになるため、後継者以外の相続税負担が軽減される効果があります。後継者以外の者の相続税額への影響を踏まえたうえで、本税制の適用を受けるかどうかの判断をする必要があります。

(4)　特定事業用宅地等以外の小規模宅地等の評価減の特例との併用

　本税制の適用を受ける場合であっても、特定事業用宅地等以外の小規模宅地等の評価減の特例とは併用することができます。その場合には、個人版事業承継税制の対象となる土地等の限度面積は、以下の面積となります。

①　貸付事業用宅地等の適用を受ける場合

$$400㎡　-　\{(A×200/400　+　B×200/330　+　C)\} × 2$$

　※A：特定同族会社事業用宅地等の面積

　　B：特定居住用宅地等の面積

　　C：貸付事業用宅地等の面積

② 特定同族会社事業用宅地等のみ適用を受ける場合

400㎡ － A

③ 特定居住用宅地等のみ適用を受ける場合

400㎡

関連条文

措法69の 4 ⑥、70の 6 の 8 ②一、70の 6 の10②一

措令40の 7 の10⑦

⑫　事業用資産の一部贈与

QUESTION

　土地・建物・機械を保有している先代事業者から、建物・機械のみ贈与を受けました。土地については引き続き先代事業者が保有しており、賃借する予定です。

　この場合でも個人版事業承継税制の適用を受けることはできるのでしょうか？

POINT

⑴　本税制の適用を受けるためには、先代事業者の事業所得に係る貸借対照表に計上されている特定事業用資産（土地・建物・減価償却資産）のすべてを取得する必要があります。

⑵　贈与・相続等により取得した特定事業用資産のうち、一部の資産については本税制の適用を受けないことも可能です。

ANSWER

⑴　すべての特定事業用資産の贈与又は相続等が必要

　本税制の適用を受けるためには、先代事業者の事業所得に係る貸借対照表に計上されている特定事業用資産（土地・建物・減価償却資産）のすべてを取得する必要があります。そのため、土地は先代事業者が所有したまま、建物・機械のみの贈与を受けた場合などは本税制の適用を受けることができません。

　一方、現預金や売掛債権など、特定事業用資産には該当しない事業用資産については必ずしも贈与を受ける必要はなく、先代事業者が所

有したままでも適用を受けることができます。

(2) 納税猶予制度の適用を受ける事業用資産の選択

先代事業者からの贈与・相続等により取得した特定事業用資産のうち、一部の資産については本税制の適用を受けないことも可能です。本税制の適用を受けない特定事業用資産に係る贈与税又は相続税は申告期限までに納税します。

本税制の適用を受けた後、その特例事業用資産等を買い替える場合には税務署長への届出が必要となります（P.68 II. ⑤「特例事業用資産等を買い替えた場合の届出」参照。）。買替頻度が高い機械等の贈与を受けた場合において、その機械等の減価償却が進んでおり相続税評価額が低いときは、手続き負担と税負担を比較したうえで、その機械等については本税制の適用を受けないといった選択肢も考えられます。

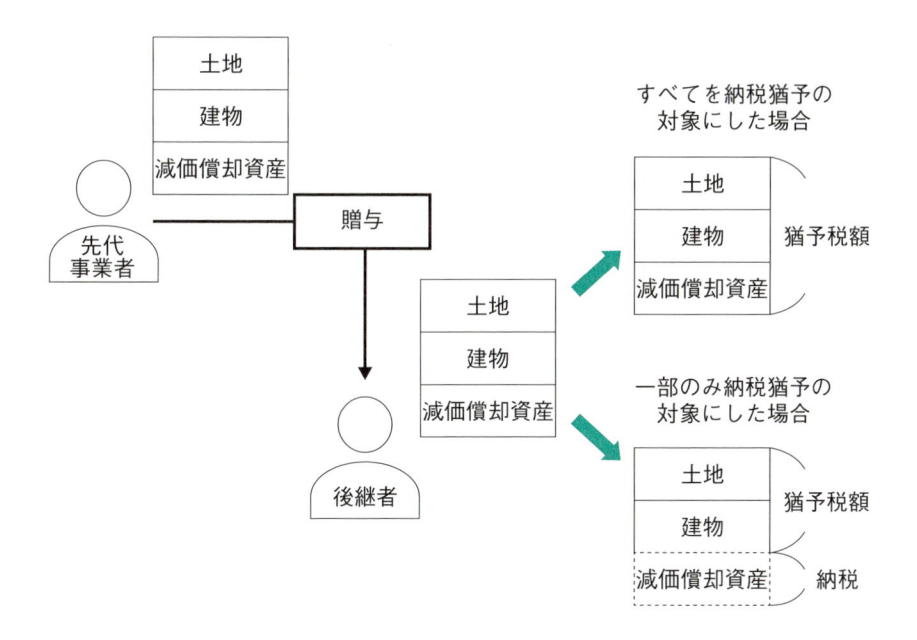

関連条文

措法70の6の8①、70の6の10①

円規6⑯七ロ

⑬ 贈与者が死亡した場合

QUESTION

　個人版事業承継税制の適用後に贈与者が死亡した場合の取扱いについて教えてください。

POINT

　贈与者が死亡した場合には、その贈与者から取得した特例受贈事業用資産に係る贈与税は免除されます。

　ただし、その特例受贈事業用資産をその贈与者から相続により取得したものとみなして、相続税の課税対象とされます。相続の発生が令和11年（2029年）1月1日以降であったとしても、相続税の納税猶予の適用を受けることができます。

　みなし相続により取得した財産の価額は、贈与時の価額とされています。減価償却資産のように贈与後に時価の下落が見込まれる資産については特に注意が必要です。

ANSWER

⑴　みなし相続

　贈与税の納税猶予の適用を受けた後、その贈与に係る贈与者に相続が発生した場合、その贈与者から取得した特例受贈事業用資産に係る贈与税は免除されます。ただし、その特例受贈事業用資産をその贈与者から相続により取得したものとみなして、その贈与者の相続税の課税対象とされます。

　この場合、相続の開始の日が令和11年（2029年）1月1日以降で

あったとしても、相続税の納税猶予制度の適用を受けることができます。

(2)　対象となる特例受贈事業用資産

　贈与者が死亡した場合の相続税の納税猶予制度の対象となる特例受贈事業用資産は、すでに先代事業者から後継者に対して贈与した特定事業用資産のうち相続の開始の時において引き続き猶予の対象となっているものに限られます。

　したがって、先代事業者が複数の事業を営んでいたことにより、後継者に対して贈与しなかった事業用資産がある場合などは、当該贈与しなかった事業用資産（相続により取得した事業用資産）については、相続税の納税猶予制度の適用を受けることはできません。

(3)　相続税の納税猶予を受けるための要件

　下記の要件を充足していることにつき、都道府県知事の確認を受け、かつ、相続税の申告を行う必要があります。

　なお、贈与税の納税猶予税額と相続税の猶予税額が異なることがありますので、担保の額に不足がある場合には追加で担保提供をする必要があります。

① 　当該相続開始の時において、当該特定事業用資産に係る事業が資産保有型事業に該当しないこと

② 　当該相続の開始の日の翌日の属する年の前年において、当該特定事業用資産に係る事業が資産運用型事業に該当しないこと

③ 　当該相続開始の時において、当該特定事業用資産に係る事業が性風俗関連特殊営業に該当しないこと

④ 　当該相続の開始の日の翌日の属する年の前年において、当該特定

事業用資産に係る事業の総収入金額がゼロを超えること

⑤　当該相続の開始の時において、後継者が青色申告の承認を受けていること又は受ける見込みであること

⑷　法人成りしていた場合

　先代事業者からの贈与に係る贈与税申告期限の翌日から 5 年を経過する日後であれば、後継者が特例受贈事業用資産を現物出資し法人成りした場合で税務署長の承認を受けたときは、引き続き納税猶予を受けることができます。

　このように後継者が法人成りした場合において、先代事業者の相続が開始したときは、上記⑶の要件に代えて以下の要件を充足することにより、都道府県知事の確認を受け、かつ、相続税の申告を行うことにより、引き続き納税猶予を受けることができます。

①　当該相続開始の時において、その会社が資産保有型会社に該当しないこと

②　当該相続開始の日の翌日の属する事業年度の直前の事業年度において、その会社が資産運用型会社に該当しないこと

③　当該相続開始の時において、その会社が風俗営業会社（性風俗関連特殊営業を営む会社をいいます。）に該当しないこと

④　当該相続の開始の日の翌日の属する事業年度の直前の事業年度において、その会社の総収入金額がゼロを超えること

関連条文

措法70の 6 の 9
円規13⑥〜⑩

14 具体的な承継パターン

QUESTION

　個人版事業承継税制の適用が受けられる具体的なパターンを教えてください。

POINT

　後継者は、先代事業者から特定事業用資産のすべてを承継することが必要となるため、特定事業用資産の一部だけを取得しても本税制の適用は受けられません。ただし、先代事業者が別々の土地で複数の事業を行っている場合に、2人の後継者がそれぞれの事業ごとに特定事業資産を取得した場合などは本税制の適用を受けることができます。

　そのほか、先代事業者以外からの取得やひとつの土地で複数の事業を行っている場合には、適用を受けられないケースもあるため注意が必要です。

ANSWER

　個人版事業承継税制の適用を受けられる具体的なパターンは以下のとおりです。

＜個人版事業承継税制における承継例＞　○：適用可　×：適用不可

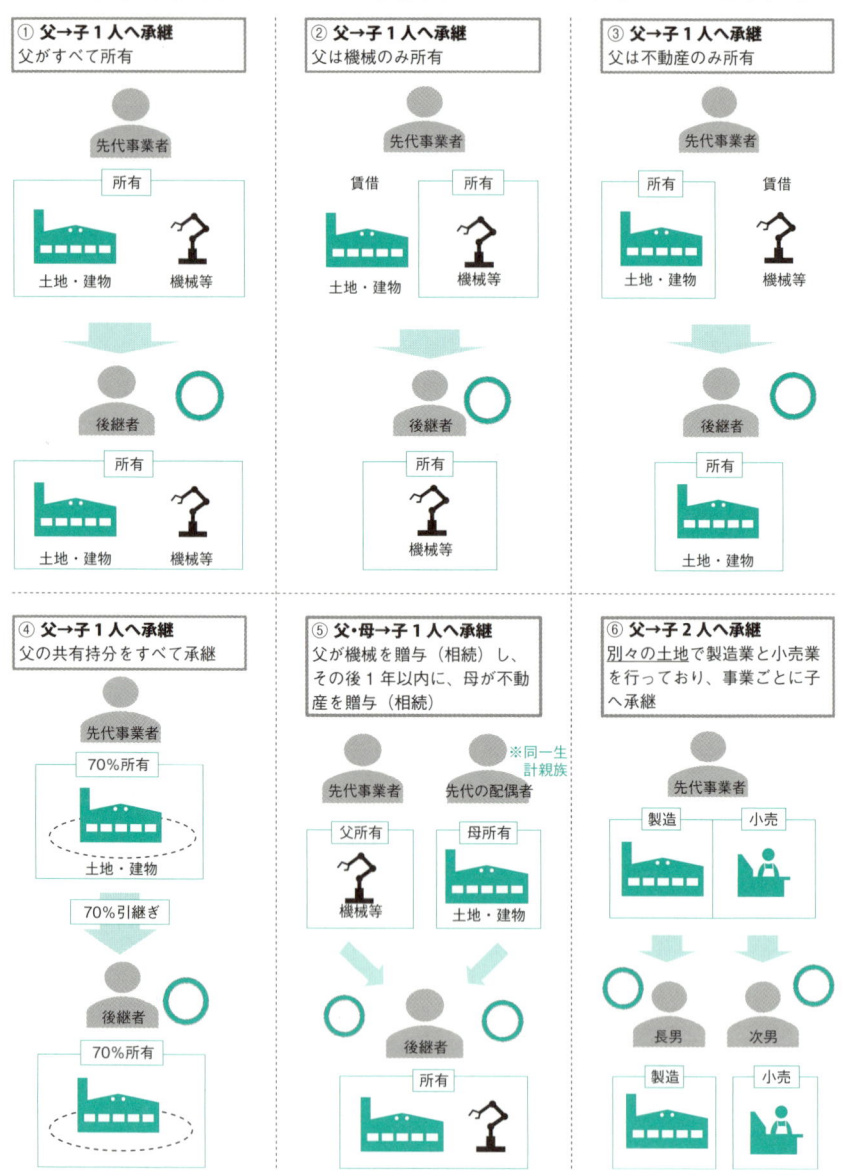

⑦ 父→子1人へ承継
子へ持分の一部を承継

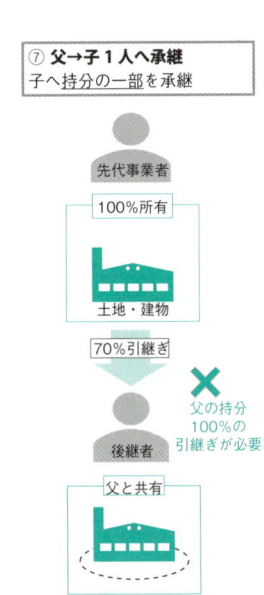

⑧ 父→子1人へ承継
子へその事業に係る特定事業用資産の一部を承継

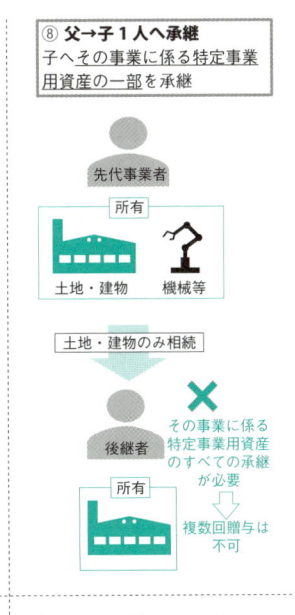

⑨ 父→子1人へ承継
子2人へ共有持分として承継

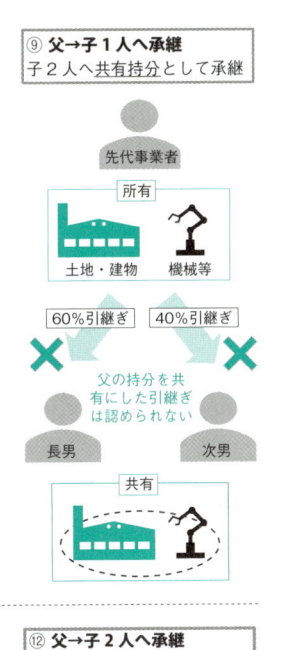

⑩ 父・叔母→子1人へ承継
父が機械を贈与（相続）し、その後1年以内に、叔母が不動産を贈与（相続）

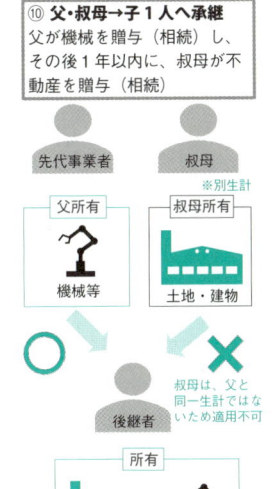

⑪ 父→子2人へ承継
同一の土地で製造業と小売業を行っており、事業ごとに子へ承継

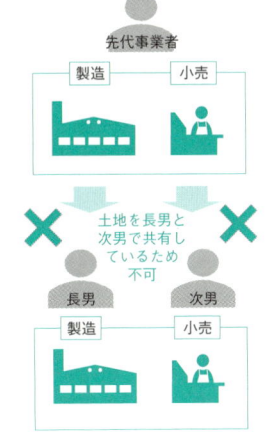

⑫ 父→子2人へ承継
パン屋をA市とB市で行っており、支店ごとに2人の子へ承継

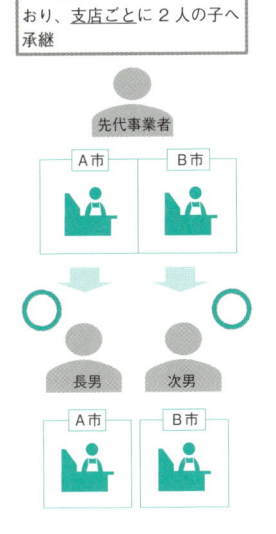

15　会社の事業承継税制との相違点

QUESTION

会社の事業承継税制との相違点を教えてください。

POINT

会社の事業承継税制は納税猶予の対象資産が非上場株式等ですが、個人版事業承継税制の対象資産は事業用の土地や建物等、一定の減価償却資産である点が主な相違点です。

ANSWER

具体的な相違点は以下の表のとおりです。

	個人版事業承継税制	会社の事業承継税制
適用期間	2019年（平成31年）1月1日から2028年（令和10年）12月31日まで	2018年（平成30年）1月1日から2027年（令和9年）12月31日まで
対象資産	土地（400㎡まで）、建物（床面積800㎡まで）、一定の減価償却資産	非上場株式等
承継計画の提出期間	2019年（平成31年）4月1日から2024年（令和6年）3月31日まで	2018年（平成30年）4月1日2023年（令和5年）3月31日
猶予割合	100%	100%
承継パターン	原則、先代1人から後継者1人※一定の場合、同一生計親族等からも可	複数の株主から最大3人の後継者

全額免除の要件	・後継者が死亡した場合 ・後継者が一定の身体障害等に該当した場合 ・後継者について破産手続開始の決定があった場合 ・５年経過後に、後継者から次の後継者へ贈与し 　かつ次の後継者が贈与税の納税猶予を適用した場合	・後継者が死亡した場合 ・５年経過後に、破産手続開始の決定があった場合 ・５年経過後に、後継者から次の後継者へ贈与し 　かつ次の後継者が贈与税の納税猶予を適用した場合 ※対象株式を一部贈与する場合は一部免除
一部免除の要件	・同族関係者以外の者へ一括譲渡した場合 ・民事再生計画の認可決定等があった場合 ・経営環境の変化を示す一定の要件を満たし、一括譲渡又は廃業する場合	・５年経過後に、同族関係者以外の者へ一括譲渡した場合 ・５年経過後に、民事再生計画の認可決定等があった場合 ・５年経過後に、一定の合併・株式交換をした場合 ・５年経過後に、経営環境の変化を示す一定の要件を満たし、一括譲渡又は廃業する場合 ※猶予税額の再計算あり
利子税	原則：年3.6% 特例：特例基準割合が7.3%に満たない場合は 3.6%×特例基準割合÷7.3% （平成31年分は0.7%）	原則：年3.6% 特例：特例基準割合が7.3%に満たない場合は 3.6%×特例基準割合÷7.3% （平成31年分は0.7%） ※５年経過後に、期限確定事由に該当した場合、当初５年間は年0%
継続届出書の提出（税務署）	３年ごとに１回	当初５年間は毎年１回、 ５年経過後は３年ごとに１回 ※当初５年間毎年１回、都道府県への年次報告書の提出あり

担保の提供	・右記のみなし充足規定を設けていない	・この制度の適用を受ける非上場株式等のすべてを担保として提供した場合には、担保の提供があったものとみなされる

Ⅱ．適用に関する手続き

 個人事業承継計画の提出

（1） 提出時期

平成31年（2019年）4月1日から令和6年（2024年）3月31日までの間に提出

（2） 提出先

先代事業者の納税地がある都道府県庁

（3） 記載内容

先代事業者（贈与者又は被相続人）の氏名、後継者の氏名、承継までの経営見通し、承継後の事業計画等を記載します。

なお、個人事業承継計画については、認定経営革新等支援機関の指導及び助言を受ける必要があります。

（4） 留意点

令和6年（2024年）3月31日までに提出していれば、その後の変更は何度でも可能です。ただし、変更の都度、認定経営革新等支援機関の指導及び助言を受けたうえで、都道府県庁に提出する必要があります。

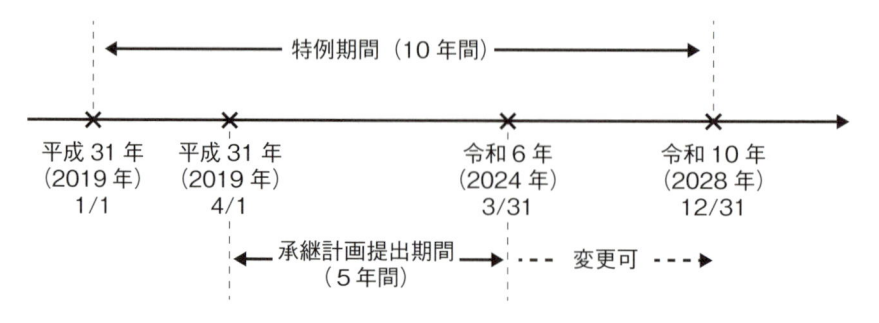

※個人事業承継計画と認定申請書の提出パターンについては、P.14参照。

（5）　都道府県庁への提出書類一覧

個人事業承継計画の提出
・申請書の原本及び写し ・確認を受ける日の属する年の前年における先代事業者の青色申告書 ・上記の青色申告書に添付する貸借対照表及び損益計算書その他の明細書

※個人事業承継計画の様式は、P.132〜135を参照。

関連条文

　円規16〜19

2　認定申請書の提出

（1）　提出時期

① 贈与の場合

- 原則として、贈与年の10月15日から翌年 1 月15日までの間
- 当該贈与に係る贈与税申告期限前に贈与者に相続が発生した場合で、後継者が当該贈与者から相続又は遺贈で財産を取得していない時や、当該贈与者からの相続時精算課税制度の適用を受ける贈与を受けていない時は、当該相続の開始の日に応じてそれぞれに掲げる期間
    - イ）　1 月 1 日から 5 月15日までの間に相続が発生した場合
        当該相続の開始の日の翌日から 5 か月を経過する日から 8 か月を経過する日までの間
    - ロ）　5 月16日から12月31日までの間に相続が発生した場合
        その年10月15日から翌年 1 月15日までの間
- 当該贈与に係る贈与税申告期限前に後継者に相続が発生した場合は、当該相続の開始の日に応じてそれぞれに掲げる期間
    - イ）　1 月 1 日から 5 月15日までの間に相続が発生した場合
        当該相続の開始の日の翌日から 5 か月を経過する日から 8 か月を経過する日までの間
    - ロ）　5 月16日から12月31日までの間に相続が発生した場合
        その年10月15日から翌年 1 月15日までの間

② 相続の場合

- 原則として、相続開始の日の翌日から 5 か月を経過する日から 8 か月を経過する日までの間

- 　当該相続に係る相続税の申告期限前に後継者に相続が発生した場合は、当該相続の開始の日の翌日から5か月を経過する日から8か月を経過する日までの間

（2）　提出先

後継者の納税地がある都道府県庁

（3）　記載内容

Ⅰ．制度の概要・主な適用要件に記載した適用要件を充足していること

（4）　留意点

適用要件をすべて充足していれば都道府県庁から認定書が交付されます。当該認定書を添付して贈与税申告書又は相続税申告書を提出する必要があります。

【認定申請書の提出（贈与）】

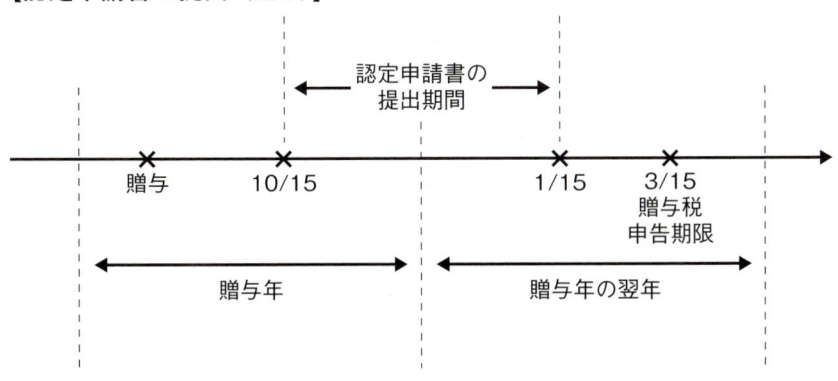

※個人事業承継計画と認定申請書の提出パターンについては、P.14参照。

【認定申請書の提出（相続)】

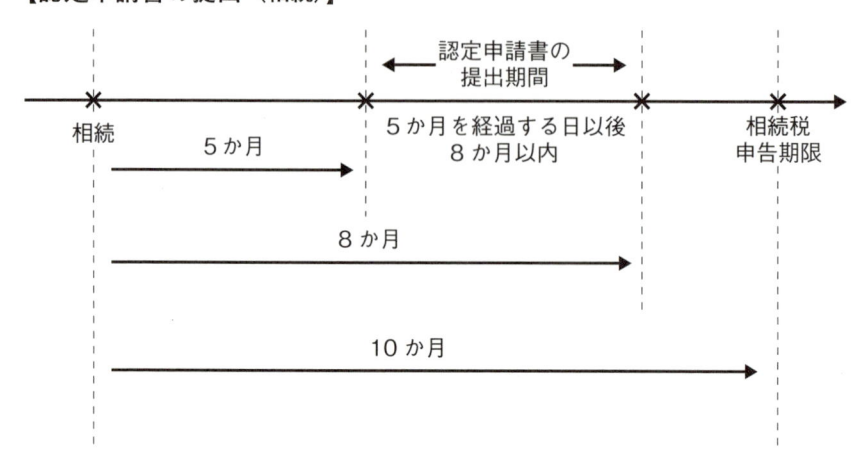

（5） 都道府県庁への提出書類一覧

認定申請書の提出（贈与）
・申請書の原本及び写し ・贈与の事実を証する書類（贈与契約書の写し等） ・当該特定事業用資産に係る贈与税の見込額を記載した書類 ・後継者の開業届出書の写し（税務署の受領印があるもの） ・後継者の青色申告の承認の通知又は青色申告の承認の申請書の写し（税務署の受領印があるもの） ・先代事業者の廃業届出書の写し（税務署の受領印があるもの） ・贈与の日の属する年の前年、前々年における青色申告書 ・上記の青色申告書に添付する貸借対照表及び損益計算書その他の明細書 ・認定経営革新等支援機関の確認を受けたことを証する書類 ・後継者が贈与の日まで引き続き3年以上にわたり特定事業用資産に係る事業又はこれと同種の事業に従事していたことを証する書類 ・当該特定事業用資産に係る事業が性風俗特殊関連営業に該当しない旨の誓約書 ・先代事業者及び後継者の住民票の写し ・個人事業承継計画又はその確認書の写し

認定申請書の提出（相続）
・申請書の原本及び写し ・取得の事実を証する書類（遺言書・遺産分割協議書の写し等） ・当該特定事業用資産に係る相続税の見込額を記載した書類 ・後継者の開業届出書の写し（税務署の受領印があるもの） ・後継者の青色申告の承認の通知又は青色申告の承認の申請書の写し（税務署の受領印があるもの） ・認定経営革新等支援機関の確認を受けたことを証する書類 ・後継者が相続開始の直前において特定事業用資産に係る事業又はこれと同種の事業に従事していたことを証する書類 ・相続開始日の属する年の前年、前々年における青色申告書 ・上記の青色申告書に添付する貸借対照表及び損益計算書その他の明細書 ・当該特定事業用資産に係る事業が性風俗特殊関連営業に該当しない旨の誓約書 ・先代事業者及び後継者の住民票の写し ・個人事業承継計画又はその確認書の写し

※認定申請書の様式はP.110〜123を参照。

関連条文

円規 7 ⑩〜⑬

 継続届出書の提出

（1） 提出時期

　特定申告期限（先代事業者からの贈与・相続に係る申告期限、P.108参照）から３年を経過する日（以下「特例報告基準日」といいます。）ごとに、その特例報告基準日から３か月を経過する日までの間

（2） 提出先

　贈与税又は相続税の申告書を提出した税務署

（3） 記載内容

　引き続き納税猶予の適用を受ける旨及び当該特例事業用資産等に係る事業に関する事項

（4） 留意点

　事業承継税制（会社）においては、適用後５年間は毎年、都道府県庁及び税務署への報告・届出が必要とされていますが、個人版事業承継税制においては５年間の報告等は必要ありません。この点においては、農地の納税猶予制度と同様の仕組みとなっています。

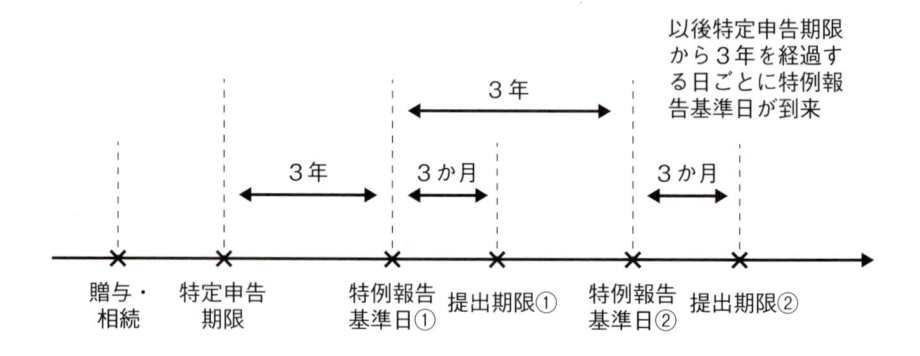

関連条文

措法70の6の8⑨、70の6の10⑩

措令40の7の8㉘、40の7の10㉖

 贈与者が死亡した場合の切替確認申請書の提出

（1）　提出時期

贈与者の相続の開始の日の翌日から8か月を経過する日まで

（2）　提出先

後継者の納税地がある都道府県庁

（3）　記載内容

Ⅰ．⑬(3)（P.49参照）に掲げる要件のすべてを充足していること。

法人成りしていた場合には、Ⅰ．⑬(4)（P.50参照）に掲げる要件のすべてを充足していること。

（4）　留意点

適用要件をすべて充足していれば都道府県庁から確認書が交付されます。当該確認書を添付して相続税申告書を提出する必要があります。

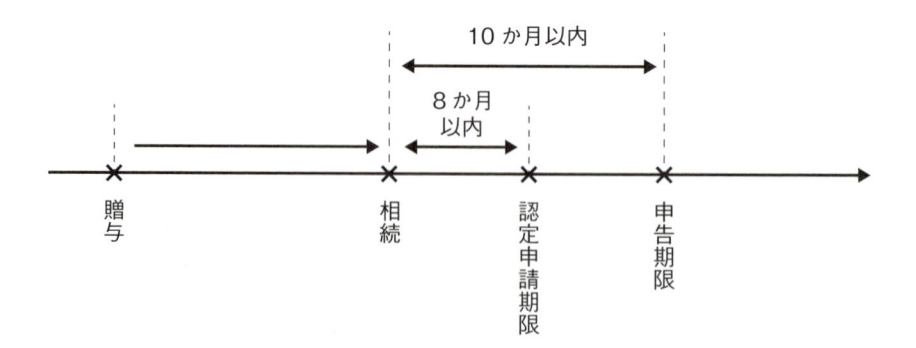

（5）　都道府県庁への提出書類一覧

切替申請書の提出
・申請書の原本及び写し ・相続の開始の日の翌日の属する年の前年における青色申告書 ・上記の青色申告書に添付する貸借対照表及び損益計算書その他の明細書 ・当該特定事業用資産に係る事業が性風俗特殊関連営業に該当しない旨の誓約書 ・先代事業者及び後継者の住民票の写し
切替申請書の提出（法人成りしていた場合）
・申請書の原本及び写し ・登記事項証明書（相続開始日以後に作成されたもの） ・相続の開始の日の翌日の属する事業年度の直前の事業年度の計算書類（貸借対照表、損益計算書）及び事業報告書、附属明細書等 ・当該会社が風俗営業会社に該当しない旨の誓約書 ・引き続き納税猶予を受けることにつき、税務署長の承認を受けたことを証する書類

※切替申請書の様式は、P.124〜131を参照。

関連条文

円規13⑦⑩

 特例事業用資産等を買い替えた場合の届出

（1）　提出時期

その特例事業用資産等の譲渡があった日から1か月以内

（2）　提出先

後継者の納税地の所轄税務署長

（3）　記載内容

譲渡した特例事業用資産等の明細、その譲渡価額等及び取得をしようとする資産の明細、取得価額の見積額等

（4）　留意点

税務署長の承認を受けた場合で、当該譲渡があった日から1年を経過する日までに当該事業の用に供される資産を取得した場合には、当該取得をした資産は特定事業用資産として引き続き納税猶予の対象となります。

一方で、1年を経過する日において当該事業の用に供される資産を取得していない場合には、猶予税額のうちその譲渡をした事業用資産に対応する部分を納税する必要があります。

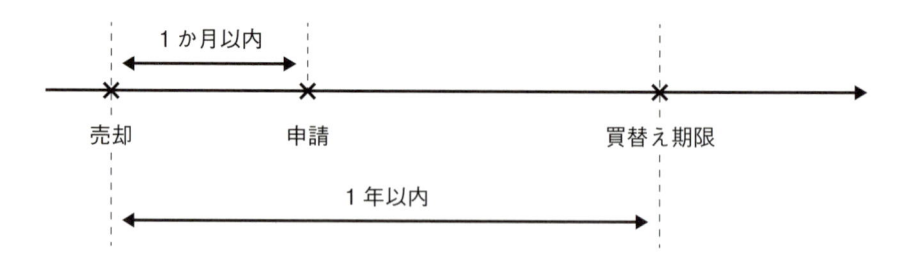

関連条文

措法70の 6 の 8 ⑤、70の 6 の10⑤

措令40の 7 の 8 ㉑、40の 7 の10⑱

 法人成りした場合の届出

（1）　提出時期

　法人成りが先代事業者からの贈与・相続に係る贈与税申告期限又は相続税申告期限の翌日から 5 年を経過する日後である場合で、かつ、その現物出資をした日から 1 か月以内

（2）　提出先

　後継者の納税地の所轄税務署長

（3）　記載内容

　現物出資した特例事業用資産等の明細及びその現物出資により取得した株式等の価額等

（4）　留意点

　特例事業用資産等を現物出資することにより法人成りした場合には、その現物出資により取得した株式等を特例事業用資産等とみなして引き続き納税猶予の適用を受けることができることとされています。

　この場合には、納税猶予の打切事由は事業承継税制（会社）に準じて取り扱うこととされます。

　なお、現物出資により法人成りした場合に引き続き納税猶予を受けることができるのは、特定申告期限の翌日から 5 年を経過した日後とされていることから、打切事由は経営承継期間終了後の規定が適用されます。

関連条文

　措法70の 6 の 8 ⑥、70の 6 の10⑥、70の 7 ③六・八～十二・十六～二十五

措令40の７の８㉗、40の７の10㉒

Ⅲ．免除事由・確定事由

全部免除事由

QUESTION

　個人版事業承継税制の適用を受けたあと、猶予された税額の全部が免除されるのはどのような場合ですか？

POINT

　次に掲げる事由に該当することとなった場合には、猶予された税額の全額が免除されます。

(1)　贈与者が死亡した場合

(2)　後継者が死亡した場合

(3)　特定申告期限の翌日から5年を経過する日後に、後継者が次の後継者に対して特例事業用資産等のすべてを贈与し、次の後継者が本税制を適用する場合

(4)　事業を継続することができなくなった場合でやむを得ない理由があるとき（一定の障害事由に該当した場合や、破産手続開始の決定があった場合）

ANSWER

　次に掲げる事由に該当することとなった場合には、猶予された税額の全額が免除されます。

(1)　**贈与者が死亡した場合**

　　贈与者が死亡した場合には、猶予された税額の全額が免除されます。

　　ただし、その贈与者に係る相続税の計算上、特例受贈事業用資産

（免除となる前に納税した部分を除きます。）はその贈与者から相続により取得したものとみなされます。

　一定の要件に該当していることについて都道府県知事の確認を受けたうえで、相続税の申告をすることにより、特例受贈事業用資産に係る相続税について納税猶予制度の適用を受けることができます。

⑵　後継者が死亡した場合

　後継者（2代目）が死亡した場合には、猶予された税額の全額が免除され、後継者の相続人（3代目）に対して、改めて特例事業用資産等に係る相続税が発生します。

　本税制がなければ、後継者（2代目）が相続税を支払って特例事業用資産等を取得し、後継者の相続人（3代目）も相続税を支払って特例事業用資産等を取得することになるため、相続税を2回支払う必要があります。しかし、本税制の適用を受けることにより、その支払うべき相続税は1回で済むことになります。

　なお、その相続人（3代目）についても、「令和10年（2028年）12月31日までに相続が発生したこと」「令和6年（2024年）3月31日までに個人事業承継計画を提出していること」などの要件を充足していれば、その相続人が相続税の納税猶予制度を受けることができます。

⑶　特定申告期限の翌日から5年を経過する日後に、後継者が次の後継者に対して、特例事業用資産等のすべてを贈与し、本税制を適用する場合

　最初に本税制の適用を受ける贈与税の申告期限又は相続税の申告期限（特定申告期限）の翌日から5年を経過する日後に、後継者（2代目）が次の後継者（3代目）に対して、特例事業用資産等のすべてを

　贈与し、次の後継者（3代目）が本税制の適用を受ける場合には、後継者（2代目）について猶予された税額の全額が免除されます。

　ただし、次の後継者（3代目）が本税制の適用を受ける必要があることから、この事由による免除は、令和10年（2028年）12月31日までに後継者（2代目）が次の後継者（3代目）に対して、特例事業用資産等のすべてを贈与した場合に限られます。

⑷　後継者が一定の障害事由に該当した場合

　後継者が下記の場合に該当することとなったときは、猶予された税額の全額が免除されます。

・精神障害者保健福祉手帳（1級）の交付を受けた場合。
・身体障害者手帳（1級又は2級）の交付を受けた場合。
・要介護認定（要介護5）を受けた場合。

⑸　後継者が破産手続開始の決定を受けた場合

　また、後継者が破産手続開始の決定を受けた場合には、事業用資産も差し押さえ等の対象となり事業を継続することができません。このような場合には、基本的に猶予された税額の全額が免除されます。ただし、当該破産手続開始の決定があった日以前5年以内において、特別関係者が後継者から受けた必要経費不算入対価等の合計額に相当する金額は免除されません。

関連条文

　措法70の6の8⑭、70の6の10⑮

 ## 2　一部免除事由

QUESTION

　個人版事業承継税制の適用を受けたあと、猶予された税額のうち一部が免除されるのはどのような場合ですか？

POINT

　次に掲げる事由に該当することとなった場合には、猶予された税額のうち一部が免除されます。

(1)　事業再生のための任意譲渡等をした場合

(2)　経営環境の変化を示す一定の要件を満たす場合において、特例事業用資産等の一括譲渡又は特例事業用資産等に係る事業の廃止をするとき

ANSWER

　本制度の適用を受け事業を継続していった結果、事業の再生を図るために第三者に事業譲渡を行った方が良い場合等が考えられます。しかし、そのような場合においても後継者に猶予税額の全額の納税を求めると、その税負担が課題となって事業譲渡が進まないケースも考えられます。そのため、下記の(1)(2)に該当するような場合においては、それぞれに掲げる金額が免除され、事業譲渡等を行う時の担税力に応じた納税が求められます。

(1)　**事業再生のための任意譲渡等をした場合**

　以下の①又は②に該当する場合には、譲渡対価の額と猶予税額の差額が免除されます。譲渡対価の額が猶予税額以上であるときは、免除

される税額はありません。

　なお、⑵の適用がある場合には、⑵の適用を受けた方が納税者有利となります。

①　同族関係者以外の者へ特例事業用資産等を一括して譲渡する場合で、その譲渡対価の額が猶予税額に満たないとき

②　民事再生計画の認可決定等があった場合

【譲渡対価の額が猶予税額に満たないとき】

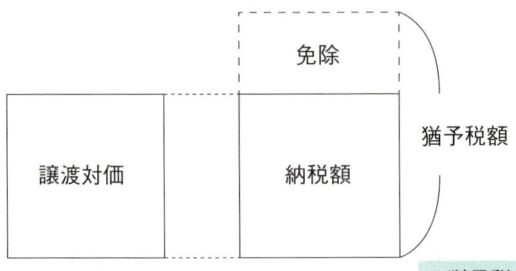

⇒猶予税額のうち、
　譲渡対価を超える部分については免除

【譲渡対価の額が猶予税額以上であるとき】

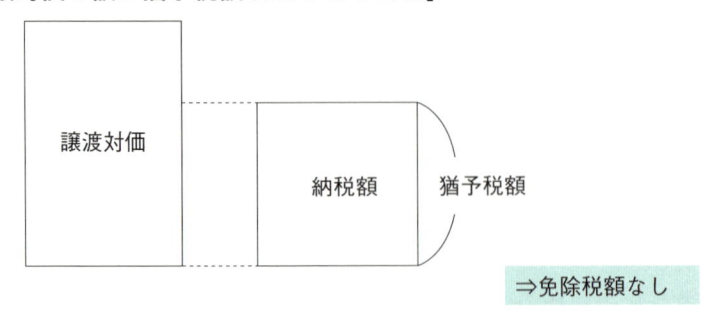

⇒免除税額なし

⑵ **経営環境の変化を示す一定の要件を満たす場合において、特例事業用資産等の一括譲渡又は特例事業用資産等に係る事業の廃止をするとき**

　経営環境の変化により後継者が特例事業用資産等を譲渡する場合又は特例事業用資産等に係る事業を廃止する場合は、その時点における特例事業用資産等の価額で税額を再計算し、当初猶予税額と再計算後の税額との差額が免除されます。ただし、売却価額が時価（＝相続税評価額）の２分の１を下回る場合には、時価の２分の１で売却したものとして計算します。

　経営環境の変化を示す一定の要件とは、次のいずれかに該当することをいいます。

① 前年以前３年間のうち２年以上、赤字であること
② 前年以前３年間のうち２年以上、総収入金額が前年を下回ること
③ 後継者が心身の故障等により業務に従事できなくなったこと

【譲渡対価の額が時価の２分の１以上であるとき】

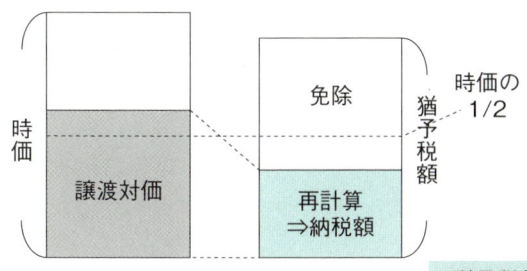

【譲渡対価の額が時価の２分の１未満であるとき】

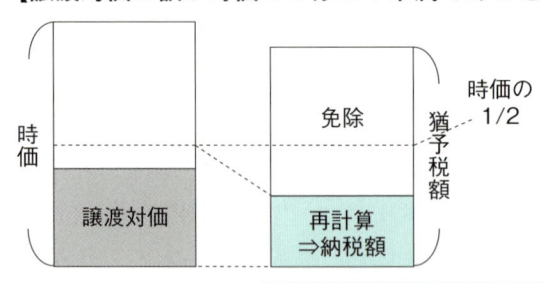

⇒猶予税額のうち、時価の２分の１で譲渡したものとして
　再計算した納税額との差額部分については免除

関連条文

措法70の６の８ ⑯〜⑱、70の６の10⑰〜⑲

措令40の７の８ ㉟、40の７の10㉛

③ 全部確定事由

QUESTION

　個人版事業承継税制の適用を受けたあと、猶予された税額の全部を納税しなければならないのはどのような場合ですか？

POINT

　後継者が次に掲げる事由に該当することとなった場合には、猶予された税額の全額を納税しなければなりません。なお、この場合には利子税もあわせて納付する必要があります。

(1)　事業を廃止した場合

(2)　資産保有型事業又は資産運用型事業に該当することとなった場合

(3)　性風俗関連特殊営業に該当することとなった場合

(4)　事業所得に係る総収入金額がゼロ円となった場合

(5)　特定事業用資産のすべてが、事業所得に係る青色申告書の貸借対照表に計上されなくなった場合

(6)　青色申告者でなくなった場合

(7)　自ら適用を受けることをやめる旨の届出書を提出した場合

ANSWER

　次に掲げる事由に該当することとなった場合には、猶予された税額の全額を納税しなければなりません。なお、この場合には利子税もあわせて納付する必要があります。

(1)　**事業を廃止した場合**

　　後継者が、その特定事業用資産に係る事業を廃止した場合には、そ

の廃止した日から2か月以内に猶予された税額及び利子税を納税する
必要があります。

　なお、経営環境の変化を示す一定の要件を満たしている場合には、
猶予税額の一部免除を受けることができます（P.77②一部免除事由参
照）

⑵　**資産保有型事業又は資産運用型事業に該当することとなった場合**

　当該特例事業用資産等に係る事業が、資産保有型事業又は資産運用
型事業に該当することとなった場合には、その該当することとなった
日から2か月以内に猶予された税額及び利子税を納税する必要があり
ます。

⑶　**性風俗関連特殊営業に該当することとなった場合**

　当該特例事業用資産等に係る事業が、性風俗関連特殊営業に該当す
ることとなった場合には、その該当することとなった日から2か月以
内に猶予された税額及び利子税を納税する必要があります。

　なお、パチンコ・バーなどはいわゆる風営法の規制を受けますが、
性風俗関連特殊営業には該当しないため、納税事由には該当しませ
ん。

⑷　**事業所得に係る総収入金額がゼロ円となった場合**

　事業所得に係る総収入金額がゼロ円となった場合には、その年12月
31日から2か月以内に猶予された税額及び利子税を納税する必要があ
ります。

⑸　**特例事業用資産等のすべてが事業所得に係る青色申告書の貸借対照
表に計上されなくなった場合**

　特例事業用資産等のすべてが事業所得に係る青色申告書の貸借対照
表に計上されなくなった場合には、その年12月31日から2か月以内に
猶予された税額及び利子税を納税する必要があります（特例事業用資

産等の一部が、賃貸対照表に計上されなくなった場合は次ページ④一部確定事由参照)。

(6)　**青色申告者でなくなった場合**

　青色申告の承認が取り消された場合には、その承認が取り消された日から2か月以内に、自ら青色申告書の提出をやめる旨の届出書を提出した場合には、その提出した日から2か月以内に猶予された税額及び利子税を納税する必要があります。

(7)　**自ら適用を受けることをやめる旨の届出書を提出した場合**

　自ら本税制の適用を受けることをやめる旨の届出書を提出した場合には、その提出した日から2か月以内に猶予された税額及び利子税を納税する必要があります。

関連条文

措法70の6の8③、70の6の10③

 **一部確定事由**

QUESTION

　個人版事業承継税制の適用を受けたあと、猶予された税額のうち一部を納税しなければならないのはどのような場合ですか？

POINT

⑴　特例事業用資産等の一部を事業の用に供さなくなった場合には、その供さなくなった部分に対応する税額を納税する必要があります。

⑵　陳腐化、腐食、損耗等により特例事業用資産等を廃棄した場合で、所轄税務署長の承認を受けたときは、その廃棄した部分については引き続き猶予を受けることができます。

⑶　特例事業用資産等の買替えを行った場合で、譲渡対価の額が購入対価の額を上回った場合には、猶予された税額のうち一部を納税する必要があります。なお、この場合には利子税もあわせて納付する必要があります。

ANSWER

⑴　特例事業用資産等の一部を事業の用に供さなくなった場合、その供さなくなった部分に対応する猶予税額を納税する必要があります。

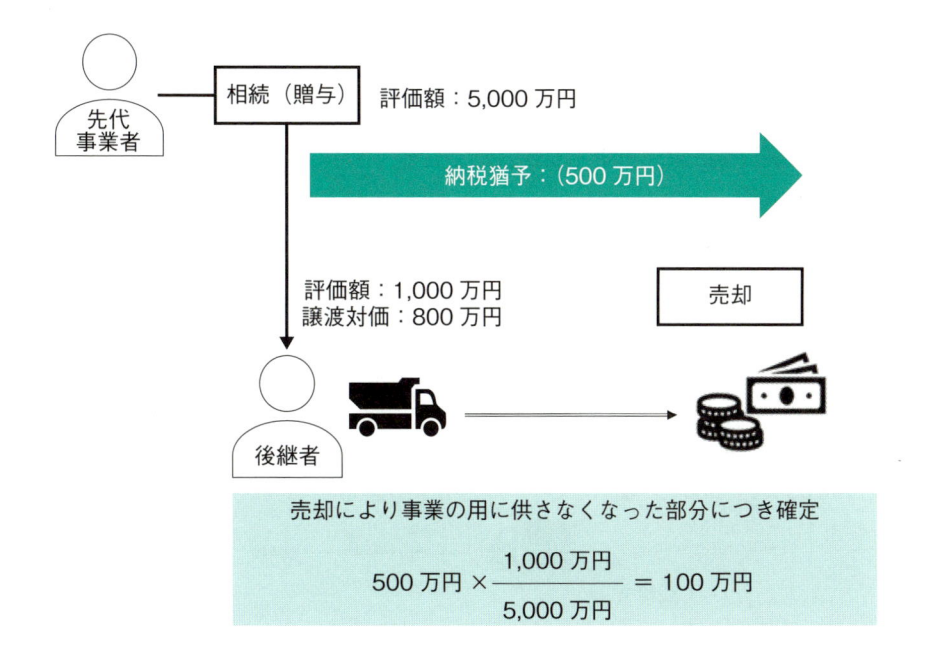

(2)　ただし、陳腐化、腐食、損耗等によりその特例事業資産等を事業の用に供することが困難となったため除却した場合で所轄税務署長の承認を受けたときは、(1)に関わらず、猶予を受けることができます。

　　この場合、所轄税務署長に対してその特例事業用資産等の廃棄の委託を受けた事業者名等を記載した届出書を、その廃棄をした日から2か月以内に提出する必要があります。

(3)　特例事業用資産等の買替えを行った場合で、譲渡対価の額が購入対価の額を上回った場合、つまり、その買替えによって手元に現金が残った場合には、猶予税額のうちその手元に残った現金部分に対応する部分は納税する必要があります。

　　なお、購入対価の額が譲渡対価の額以上である場合、つまり、その買替えによって手元に現金が残らない場合には、納税する部分は発生

せず、買替時における猶予税額が引き続き猶予税額となります。

【譲渡対価＞購入金額の場合】

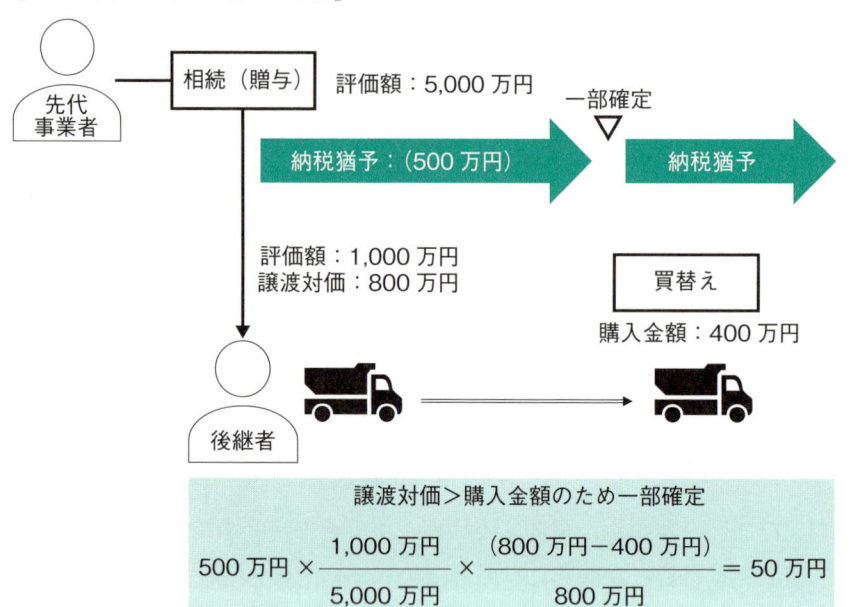

譲渡対価＞購入金額のため一部確定

$$500\,万円 \times \frac{1,000\,万円}{5,000\,万円} \times \frac{(800\,万円 - 400\,万円)}{800\,万円} = 50\,万円$$

【譲渡対価≦購入金額の場合】

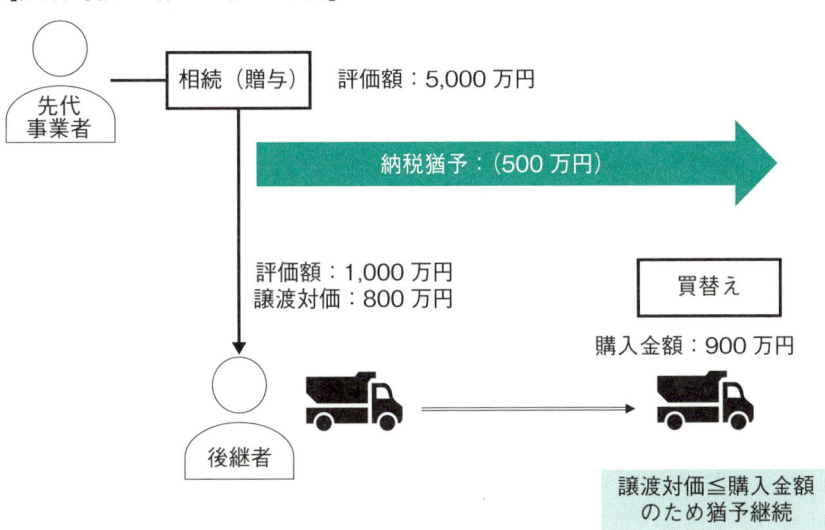

関連条文

措法70の6の8④⑤、70の6の10④⑤
措令40の7の8⑱〜㉓、40の7の10⑮〜⑳

IV. ケーススタディ

【事例1－1】 特例事業用資産の占める割合が高い場合（子1人）

> 【前提】
>
> 相続人：子1人
>
> （総資産　1億7,000万円）
>
> 　　事業用宅地400㎡　4,000万円　　　　事業用設備　2,000万円
>
> 　　事業用建物800㎡　8,000万円　　　　家庭用資産　3,000万円
>
> （総負債　0円）
>
> 　　事業用負債　なし　　　　　　　　　家庭用負債　なし

（1）　個人版事業承継税制の適用を受ける場合

① 相続税の総額

（総資産）　　　　　　（基礎控除）
$$（1億7,000万円－3,600万円）×40\%－1,700万円＝3,660万円$$

② 猶予税額

（特例事業用資産）　　　　（基礎控除）
$$（1億4,000万円－3,600万円）×40\%－1,700万円＝2,460万円$$

③ 納税額

$$①－②＝1,200万円$$

（2）　小規模宅地等の評価減の適用を受ける場合

（総資産）　　　　（事業用宅地）　　　　（基礎控除）
$$\{（1億7,000万円－4,000万円×80\%）－3,600万円\}×40\%－1,700万円$$

（納税額）
$$＝2,380万円$$

> **check**
>
> 　相続人が子1人の場合で、相続財産のうち特例事業用資産の占める割合が高い場合には、個人版事業承継税制を適用することで当初納税額を抑えることができます。

【事例１－２】　特例事業用資産の占める割合が高い場合（子２人）

┌─【前提】───────────────────────────────

相続人：子２人

（総資産　１億7,000万円）

　　事業用宅地400㎡　4,000万円　　　　事業用設備　2,000万円

　　事業用建物800㎡　8,000万円　　　　家庭用資産　3,000万円

（総負債　０円）

　　事業用負債　なし　　　　　　　　　家庭用負債　なし

後継者が取得する財産（A）

　事業用資産のすべて（合計１億4,000万円）

非後継者が取得する財産（B）

　家庭用資産3,000万円

└──────────────────────────────────────

（１）　個人版事業承継税制の適用を受ける場合

①　相続税の総額

$\{(1億7,000万円 - 4,200万円) \times 1/2 \times 30\% - 700万円\} \times 2$
（総資産）　　　　　　　（基礎控除）

$$= 2,440万円$$

後継者の相続税額：

　2,440万円 × １億4,000万円／１億7,000万円＝20,094,100円
　　　　　　　　　　　　　　　　　　　　　　　（百円未満切捨て）

非後継者の相続税額：

　2,440万円 × 3,000万円／１億7,000万円＝4,305,800円
　　　　　　　　　　　　　　　　　　　　　（百円未満切捨て）

② 猶予税額

後継者が事業用資産のみ取得したと仮定した場合の相続税の総額：

$$\{(1億7,000万円\underset{((A)+(B))}{-}4,200万円)\times 1/2\times 30\%\underset{(基礎控除)}{-}700万円\}\times 2$$

$$=2,440万円$$

後継者の猶予税額：

$$2,440万円\times 1億4,000万円/1億7,000万円=20,094,100円$$
(百円未満切捨て)

③ 納税額

後継者の納税額：①－②＝0円

非後継者の納税額：4,305,800円

合計：4,305,800円

（2） 小規模宅地等の評価減の適用を受ける場合

① 相続税の総額

$$\{(1億7,000万円\underset{(総資産)}{-}4,000万円\underset{(事業用宅地)}{\times}80\%\underset{(基礎控除)}{-}4,200万円)\times 1/2\times 20\%$$

$$-200万円\}\times 2=1,520万円$$

② 納税額

後継者の納税額：

$$1,520万円\times 1億800万円/1億3,800万円=11,895,600円$$
(百円未満切捨て)

非後継者の納税額：

$$1,520万円\times 3,000万円/1億3,800万円=3,304,300円$$
(百円未満切捨て)

合計：15,199,900円

---
check

　後継者が個人版事業承継税制の対象となる資産（特例事業用資産）のみを取得する場合は、後継者に係る相続税の全額が猶予の対象となり、現金負担なしで承継することができます。

　相続財産のうち特例事業用資産の占める割合が高い場合には、個人版事業承継税制による税額軽減効果が大きいですが、非後継者は小規模宅地等の評価減を適用した方が納税額を抑えることができます。非後継者にも十分納得してもらったうえで個人版事業承継税制を適用しましょう。

【事例2－1】 事業用以外の資産の占める割合が高い場合（子1人）

【前提】

相続人：子1人

（総資産　1億2,000万円）

　　　事業用宅地400㎡　2,000万円　　　事業用設備　1,000万円

　　　事業用建物800㎡　1,000万円　　　家庭用資産　8,000万円

（総負債　0円）

　　　事業用負債　なし　　　　　　　　家庭用負債　なし

（1）　個人版事業承継税制の適用を受ける場合

①　相続税の総額

（総資産）　　　　　　（基礎控除）
$$（1億2,000万円－3,600万円）×30\%－700万円＝1,820万円$$

②　猶予税額

（特例事業用資産）　　　（基礎控除）
$$（4,000万円－3,600万円）×10\%＝40万円$$

③　納税額

$$①－②＝1,780万円$$

（2）　小規模宅地等の評価減の適用を受ける場合

（総資産）　　　　（事業用宅地）　　　（基礎控除）
$$\{（1億2,000万円－2,000万円×80\%）－3,600万円\}×30\%－700万円$$

（納税額）
$$＝1,340万円$$

> ┌ check ─────────────────
> 　相続人が子１人である場合であっても相続財産のうち事業用以外の資産（家庭用資産）の占める割合が高い場合には、個人版事業承継税制を適用することの効果は薄く、小規模宅地等の評価減を適用した方が納税額を抑えることができます。

【事例2－2】 事業用以外の資産の占める割合が高い場合（子2人）

【前提】

相続人：子2人

（総資産　1億2,000万円）

　　事業用宅地400㎡　2,000万円　　　　事業用設備　1,000万円

　　事業用建物800㎡　1,000万円　　　　家庭用資産　8,000万円

（総負債　0円）

　　事業用負債　なし　　　　　　　　　家庭用負債　なし

後継者が取得する財産（A）

　事業用資産のすべて、家庭用資産のうち1/2（合計8,000万円。うち、家庭用資産4,000万円）

非後継者が取得する財産（B）

　家庭用資産のうち1/2（4,000万円）

（1）　個人版事業承継税制の適用を受ける場合

①　相続税の総額

（総資産）（基礎控除）
$\{(1億2,000万円－4,200万円) \times 1/2 \times 20\% －200万円\} \times 2$

$=1,160万円$

後継者の相続税額：

　$1,160万円 \times 8,000万円/1億2,000万円＝7,733,300円$
　（百円未満切捨て）

非後継者の相続税額：

　$1,160万円 \times 4,000万円/1億2,000万円＝3,866,600円$
　（百円未満切捨て）

② 猶予税額

後継者が事業用資産のみ取得したと仮定した場合の相続税の総額：

<small>((A)のうち特例事業用資産＋(B))　　　　(基礎控除)</small>

$\{$（8,000万円 −4,200万円）× 1 / 2 ×15%−50万円$\}$ × 2 ＝470万円

後継者の猶予税額：

470万円×4,000万円/8,000万円＝235万円

<small>(百円未満切捨て)</small>

③ 納税額

後継者の納税額：①−②＝5,383,300円

非後継者の納税額：3,866,600円

合計：9,249,900円

（2） 小規模宅地等の評価減の適用を受ける場合

① 相続税の総額

<small>(総資産)　　　　　　(事業用宅地)　　　　　　(基礎控除)</small>

$\{$（ 1 億2,000万円−2,000万円×80%−4,200万円）× 1 / 2 ×20%

−200万円$\}$ × 2 ＝840万円

② 納税額

後継者の納税額：

840万円×6,400万円/ 1 億400万円＝5,169,200円

<small>(百円未満切捨て)</small>

非後継者の納税額：

840万円×4,000万円/ 1 億400万円＝3,230,700円

<small>(百円未満切捨て)</small>

合計：8,399,900円

> **check**
>
> 　相続財産のうち事業用以外の資産（家庭用資産）の占める割合が高い場合には、個人版事業承継税制を適用することの効果は薄く、小規模宅地等の評価減を適用した方が納税額を抑えることができます。

【事例3－1】 事業用の借入れが多額にある場合（子1人）

> 【前提】
>
> 相続人：子1人
>
> （総資産　2億円）
>
> 　　事業用宅地400㎡　4,000万円　　　　事業用設備　2,000万円
>
> 　　事業用建物800㎡　8,000万円　　　　家庭用資産　6,000万円
>
> （総負債　8,000万円）
>
> 　　事業用負債　　　　8,000万円　　　　家庭用負債　なし

（1）　個人版事業承継税制の適用を受ける場合

① 相続税の総額

（総資産）　　（総負債）　　（基礎控除）

$$\{(2億円－8,000万円)－3,600万円\}×30\%－700万円＝1,820万円$$

② 猶予税額

（特例事業用資産）　（事業用負債）　（基礎控除）

$$\{(1億4,000万円－8,000万円)－3,600万円\}×15\%－50万円$$

$$＝310万円$$

③ 納税額

$$①－②＝1,510万円$$

（2）　小規模宅地等の評価減の適用を受ける場合

（総資産）　（事業用宅地）　　　　（総負債）　　　（基礎控除）

$$\{(2億円－4,000万円×80\%)－8,000万円－3,600万円\}$$

（納税額）

$$×30\%－700万円＝860万円$$

┌─ check ──────────────────────────────

　相続人が子 1 人の場合であっても、事業用の債務が多くある場合には、個人版事業承継税制を適用するよりも小規模宅地等の評価減の特例を適用した方が税負担が抑えられます。

└─────────────────────────────────────

【事例3－2】 事業用の借入れが多額にある場合（子2人）

【前提】

相続人：子2人

（総資産　2億円）

　　事業用宅地400㎡　4,000万円　　　　事業用設備　2,000万円

　　事業用建物800㎡　8,000万円　　　　家庭用資産　6,000万円

（総負債　8,000万円）

　　事業用負債　　　　8,000万円　　　　家庭用負債　なし

後継者が取得する財産（A）

　事業用資産のすべて、家庭用資産のうち1/2（合計1億7,000万円。うち、家庭用資産3,000万円）、事業用負債のすべて

非後継者が取得する財産（B）

　家庭用資産のうち1/2（3,000万円）

（1）　個人版事業承継税制の適用を受ける場合

①　相続税の総額

$$[\{(\underset{(総資産)}{2億円}-\underset{(総負債)}{8,000万円})-\underset{(基礎控除)}{4,200万円}\}\times 1/2 \times 20\%-200万円]\times 2$$
$$=1,160万円$$

後継者の相続税額：

　1,160万円×9,000万円/1億2,000万円＝870万円
　　　　　　　　　　　　　　　　　　　　（百円未満切捨て）

非後継者の相続税額：

　1,160万円×3,000万円/1億2,000万円＝290万円
　　　　　　　　　　　　　　　　　　　　（百円未満切捨て）

② 猶予税額

後継者が事業用資産のみ取得したと仮定した場合の相続税の総額：

<small>((A)のうち特例事業用資産＋(B))　(事業用負債)　　　(基礎控除)</small>

[{(1 億7,000万円 －8,000万円)－4,200万円} × 1 / 2 ×15%

－50万円] × 2 ＝620万円

後継者の猶予税額：

620万円×6,000万円/9,000万円＝4,133,300円

<small>(百円未満切捨て)</small>

③ 納税額

後継者の納税額：①－②＝4,566,700円

非後継者の納税額：290万円

合計：7,466,700円

（2） 小規模宅地等の評価減の適用を受ける場合

① 相続税の総額

<small>(総資産)　　(事業用宅地)　　　　　(総負債)　　　(基礎控除)</small>

{(2 億円－4,000万円×80%－8,000万円－4,200万円)] × 1 / 2 ×15%

－50万円} × 2 ＝590万円

② 納税額

後継者の納税額：

590万円×5,800万円/8,800万円＝3,888,600円

<small>(百円未満切捨て)</small>

非後継者の納税額：

590万円×3,000万円/8,800万円＝2,011,300円

<small>(百円未満切捨て)</small>

合計：5,899,900円

check

　事業用の債務が多くある場合には、個人版事業承継税制を適用するよりも小規模宅地等の評価減の特例を適用した方が税負担が抑えられます。

V．定義

（1）　特定事業用資産

　贈与者又は被相続人（当該贈与者又は被相続人と生計を一にする配偶者その他の親族を含みます。）の事業（不動産貸付業、駐車場業、自転車駐車場業を除きます。）の用に供されていた次に掲げる資産で、当該贈与者又は当該被相続人の事業所得に係る青色申告書（租税特別措置法第25条の2第3項の規定の適用に係るものに限ります。）の貸借対照表に計上されているもの（棚卸資産に該当するものを除きます。）をいいます。

①　宅地等（土地又は土地の上に存する権利をいい、建物又は構築物の敷地の用に供されているものとして一定のものに限ります。）

…当該宅地等の面積の合計のうち400㎡以下の部分（小規模宅地等の特例の適用を受ける場合には、一定の計算式により計算した面積を控除した部分。Ⅰ⑪小規模宅地等との選択適用参照）。

②　建物

…当該建物の床面積の合計のうち800㎡以下の部分

③　減価償却資産

…機械、器具備品、車両、船舶、構築物、無形償却資産（特許権等）、生物（乳用牛等、果樹等）その他の一定の資産をいいます。

【特定事業用資産の範囲】

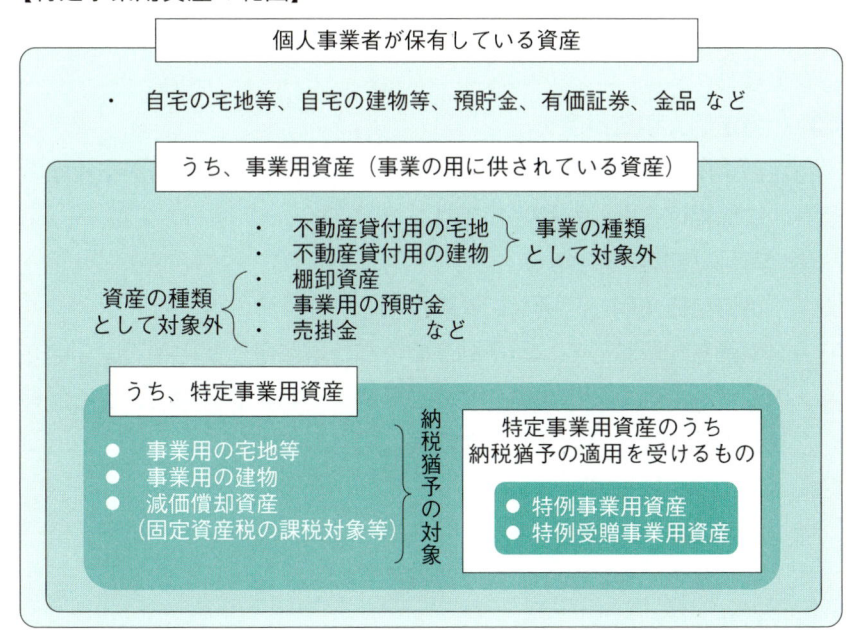

（2） 資産保有型事業

　贈与の日又は相続の開始の日の属する年の前年の1月1日から当該贈与に係る贈与税又は当該相続に係る相続税の全部について、免除事由又は確定事由に該当することとなった日までのいずれかの日において、次の①及び③に掲げる金額の合計額に対する②及び③に掲げる金額の合計額の割合が100分の70以上となる事業をいいます。

　　①　その日における当該個人の貸借対照表に計上されている総資産の帳簿価額の総額（事業所得に係るものに限ります。）

　　②　その日における当該個人の貸借対照表に計上されている特定個人事業資産の金額の合計額（事業所得に係るものに限ります。）

③　その日以前 5 年以内において、当該個人と特別の関係がある者が当該個人から受けた給与のうち、必要経費の額に算入されなかった金額

（3）　特定個人事業資産

特定事業用資産に係る事業所得の貸借対照表に計上されている資産のうち、次に掲げるものが該当します。

①　有価証券等

②　現に自ら使用していない不動産

申請者が所有している不動産のうち、現に自ら使用していないものです。太陽光発電設備を設置している不動産や販売用として保有する不動産は、特定個人事業資産に該当します。

③　ゴルフ会員権等

④　絵画、貴金属等

⑤　現預金その他これらに類する資産

（4）　資産運用型事業

贈与の日又は相続の開始の日の属する年の前年の 1 月 1 日から当該贈与に係る贈与税又は当該相続に係る相続税の全部について、免除事由又は確定事由に該当することとなった日まで期間内のいずれかの年における事業所得に係る総収入金額に占める特定個人事業資産の運用収入の合計額の割合が100分の75以上となる事業をいいます。

（5）　特定申告期限

次の①又は②のうち、いずれか早い日をいいます。

①　後継者が初めて個人の事業用資産についての贈与税の納税猶予及び免除の適用を受ける贈与に係る贈与税の申告期限

②　後継者が初めて個人の事業用資産についての相続税の納税猶予及び免除の適用を受ける相続又は遺贈に係る相続税の申告期限

参考資料（認定申請書等）

様式第7の5

第一種贈与認定個人事業者に係る認定申請書

年　月　日

都道府県知事　　殿

郵 便 番 号
住　　　所
電 話 番 号
氏　　　名　　　　　　　印

　中小企業における経営の承継の円滑化に関する法律第12条第1項の認定（同法施行規則第6条第16項第7号の事由に係るものに限る。）を受けたいので、下記 のとおり申請します。

記

1　個人事業承継計画の確認について

施行規則第17条第1項第3号の確認（施行規則第18条第7項又は第8項の変更の確認をした場合には変更後の確認）に係る確認事項	確認の有無		□有 □無（本申請と併せて提出）
	「有」の場合	確認の年月日及び番号	年　月　日（　　　号）
		先代事業者の氏名	
		個人事業承継者の氏名	

2　第一種贈与認定を受けようとする事業について

贈与時の常時使用する従業員の数		人	主たる事業内容	

3　贈与者（先代事業者）及び第一種贈与認定申請個人事業者について

贈与日		年　月　日
第一種贈与申請基準日		年　月　日
贈与税申告期限		年　月　日

贈与者	氏名	
	贈与の時の住所	
	贈与の時における過去の法第12条第1項の認定（施行規則第6条第16項第7号又は第9号の事由に係るものに限る。）に係る贈与の有無	□有 （　　年　　月　　日認定） □無
	特定事業用資産に係る事業についての廃業の届出書の提出の有無	□有 （　　年　　月　　日提出） □無
	贈与日の属する年、その前年及びその前々年における青色申告書の提出の有無	□有　□無
第一種贈与認定申請個人事業者	氏名	
	住所	
	贈与日における年齢及び生年月日	歳 （　　年　　月　　日生）
	贈与時における贈与者との関係	□直系卑属 □直系卑属以外の親族 □親族外
	開業の届出書の提出の有無	□有 （　　年　　月　　日提出） □無
	贈与の日前3年以上にわたる特定事業用資産に係る事業又はこれと同種若しくは類似の事業への従事の有無	□有 （　　年　　月　　日から従事） □無
	青色申告の承認の申請書の提出の有無	□有 （　　年　　月　　日提出） □無
	下記の事項についての認定経営革新等支援機関の確認の有無。	□有 （　　年　　月　　日確認） □無
	贈与者が営んでいたその事業に係る特定事業用資産の全て(*1)の贈与を受けていること	
	第一種贈与申請基準日まで、(*1)のうち租税特別措置法第70条の6の8第1項の適用を受けようとする特定事業用資産の全部を有し、かつ自己の事業の用に供している又は供する見込みであること	

（備考）

① 用紙の大きさは、日本工業規格 A4 とする。

② 記名押印については、署名をする場合、押印を省略することができる。

③ 申請書の写し（別紙を含む）及び施行規則第 7 条第 10 項各号に掲げる書類を添付する。

④ 「施行規則第 17 条第 1 項第 3 号の確認（施行規則第 18 条第 7 項又は第 8 項の変更の確認をした場合には変更後の確認）に係る確認事項」については、当該確認を受けていない場合には、本申請と併せて施行規則第 17 条第 4 項に定める書類を添付する。また、施行規則第 18 条第 7 項又は第 8 項に定める変更をし、当該変更後の確認を受けていない場合には、本申請と併せて同条第 9 項の規定により読み替えられた前条第 4 項に定める書類を添付する。

(別紙)

先代事業者の特定個人事業資産等について

先代事業者の贈与年の前年における特定個人事業資産等に係る明細表					
種別		内容	利用状況	帳簿価額	運用収入
有価証券				(1) 円	(10) 円
不動産	現に自ら使用しているもの			(2) 円	(11) 円
	現に自ら使用していないもの			(3) 円	(12) 円
ゴルフ場その他の施設の利用に関する権利	販売することを目的として有するもの			(4) 円	(13) 円
	販売することを目的としないで有するもの			(5) 円	(14) 円
絵画、彫刻、工芸品その他の有形の文化的所産である動産、貴金属及び宝石	販売することを目的として有するもの			(6) 円	(15) 円
	販売することを目的としないで有するもの			(7) 円	(16) 円
現金、預貯金等	現金及び預貯金その他これらに類する資産			(8) 円	(17) 円
	先代事業者及び特別関係者（施行規則第1条第25項に掲げる者をいう。）に対する貸付金及び未収金その他これらに類する資産			(9) 円	(18) 円
特定個人事業資産の帳簿価額の合計額	(19)=(1)+(3)+(5)+(7)+(8)+(9) 円	特定個人事業資産の運用収入の合計額		(21)=(10)+(12)+(14)+(16)+(17)+(18) 円	
資産の帳簿価額の総額	(20) 円	総収入金額		(22) 円	
特定個人事業資産の	(23)=(19)/(20)	特定個人事業資産		(24)=(21)/(22)	

帳簿価額等の合計額が資産の帳簿価額等の総額に対する割合	％	の運用収入の合計額が総収入金額に占める割合	％

やむを得ない事由により資産保有型事業又は資産運用型事業に該当した場合

該当した日	年　　月　　日
その事由	
解消見込時期	年　　月頃

（記載要領）

① 単位が「％」の欄は小数点第1位までの値を記載する。

② 「先代事業者の贈与年の前年における特定個人事業資産等に係る明細表」については、贈与年の前年における贈与者が営んでいた特定事業用資産に係る事業の青色申告書の貸借対照表に計上されていた資産の金額を記載する。

③ 「先代事業者の贈与年の前年における特定個人事業資産等に係る明細表」については、「特定個人事業資産」又は「運用収入」については、該当するものが複数ある場合には同様の欄を追加して記載する。

④ 「やむを得ない事由により資産保有型事業又は資産運用型事業に該当した場合」については、その該当した日、その理由及び解消見込時期を記載する。

様式第7の6

第二種贈与認定個人事業者に係る認定申請書

年　　　月　　　日

都道府県知事　　殿

郵 便 番 号
住　　　所
電 話 番 号
氏　　　名　　　　　　　　印

　中小企業における経営の承継の円滑化に関する法律第12条第1項の認定（同法施行規則第6条第16項第9号の事由に係るものに限る。）を受けたいので、下記のとおり申請します。

記

1　第一種認定贈与又は第一種認定相続について

本申請に係る認定にあたり必要な施行規則第6条第16項第7号に係る第一種認定贈与又は同項第8号の事由に係る第一種認定相続の有無	□有 （　　　　　年　　月　　　日認定） □無 （　　　　　年　　月　　　日提出）
当該贈与者（当該被相続人）	
第一種贈与（相続）認定個人事業者	
□当該贈与の日　□当該相続の開始の日	年　　　月　　　日
主たる事業内容	
第二種贈与時における常時使用する従業員数	人

2　贈与者（生計一親族等）及び第二種贈与認定申請個人事業者について

贈与日		年　　　月　　　日
第二種贈与申請基準日		年　　　月　　　日
贈与税申告期限		年　　　月　　　日
贈与者	氏名	

	贈与時の住所	
	贈与時における過去の法第 12 条第 1 項の認定（施行規則第 6 条第 16 項第 7 号又は第 9 号の事由に係るものに限る。）に係る贈与の有無	□有 （　　　年　　　月　　　日） □無
	贈与時（先代事業者が死亡している場合には、先代事業者の相続の開始の直前）における　先代事業者と贈与者との関係	□生計一親族等 □生計一親族等以外
第二種贈与認定申請個人事業者	氏名	
	住所	
	贈与日における年齢及び生年月日	歳 （　　　年　　　月　　　日生）
	贈与時における贈与者との関係	□直系卑属 □直系卑属以外の親族 □親族外
	下記の事項についての認定経営革新等支援機関の確認の有無。	□有 （　　　年　　　月　　　日確認） □無
	贈与者が有していた、先代事業者が営んでいたその事業に係る特定事業用資産の全て(*1)の贈与を受けていること	
	第二種贈与申請基準日まで、(*1)のうち租税特別措置法第 70 条の 6 の 8 第 1 項の適用を受けようとする特定事業用資産の全部を有し、かつ自己の事業の用に供している又は供する見込みであること	

（備考）

① 用紙の大きさは、日本工業規格 A4 とする。

② 記名押印については、署名をする場合、押印を省略することができる。

③ 申請書の写し及び施行規則第 7 条第 12 項各号に掲げる書類を添付する。

④ 「施行規則第 17 条第 1 項第 3 号の確認（施行規則第 18 条第 7 項又は第 8 項の変更の確認をした場合には変更後の確認）に係る確認事項」については、当該確認を受けていない場合には、本申請と併せて施行規則第 17 条第 4 項に定める書類を添付する。また、施行規則第 18 条第 7 項又は第 8 項に定める変更をし、当該変更後の確認を受けていない場合には、本申請と併せて同条第 9 項の規定により読み替えられた前条第 4 項に定める書類を添付する。

様式第8の5

第一種相続認定個人事業者に係る認定申請書

年　　月　　日

都道府県知事　　殿

郵 便 番 号

住　　　所

電 話 番 号

氏　　　名　　　　　印

　中小企業における経営の承継の円滑化に関する法律第12条第1項の認定（同法施行規則第6条第16項第8号の事由に係るものに限る。）を受けたいので、下記 のとおり申請します。

記

1　個人事業承継計画の確認について

施行規則第17条第1項第3号の確認（施行規則第18条第7項又は第8項の変更の確認をした場合には変更後の確認）に係る確認事項	確認の有無		□有 □無（本申請と併せて提出）
	「有」の場合	確認の年月日及び番号	年　月　日（　　　号）
		先代事業者の氏名	
		個人事業後継者の氏名	

2　第一種相続認定を受けようとする事業について

相続開始時の常時使用する従業員の数	人	主たる事業内容	

3　被相続人及び第一種相続認定申請個人事業者について

相続開始日	年　　月　　日
第一種相続申請基準日	年　　月　　日
相続税申告期限	年　　月　　日

被相続人	氏名	
	最後の住所	
	相続の開始の時の年齢	
	相続開始日の属する年、その前年及びその前々年における青色申告書の提出の有無	□有　□無
第一種相続認定申請個人事業者	氏名	
	住所	
	相続開始日における年齢	
	相続時における被相続人との関係	□直系卑属 □直系卑属以外の親族 □親族外
	開業の届出書の提出の有無	□有 （　　　年　　　月　　　日提出） □無
	相続の直前における当該特定事業用資産に係る事業又はこれと同種若しくは類似の事業への従事の有無	□有 （　　　年　　　月　　　日から従事） □無
	青色申告の承認の申請書の提出の有無	□有 （　　　年　　　月　　　日提出） □無
	下記の事項についての認定経営革新等支援機関の確認の有無	□有 （　　　年　　　月　　　日確認） □無
	被相続人が営んでいたその事業に係る特定事業用資産の全て(*1)を相続又は遺贈により取得していること	
	第一種相続申請基準日まで、(*1)のうち租税特別措置法70条の6の10第1項の適用を受けようとする特定事業用資産の全部を有し、かつ自己の事業の用に供している又は供する見込みであること	

（備考）

① 　用紙の大きさは、日本工業規格 A4 とする。

② 　記名押印については、署名をする場合、押印を省略することができる。

③ 　申請書の写し（別紙を含む）及び施行規則第 7 条第 10 項各号に掲げる書類を添付する。

④ 　「施行規則第 17 条第 1 項第 3 号の確認（施行規則第 18 条第 7 項又は第 8 項の変更の確認をした場合には変更後の確認）に係る確認事項」については、当該確認を受けていない場合には、本申請と併せて施行規則第 17 条第 4 項に定める書類を添付する。また、施行規則第 18 条第 7 項又は第 8 項に定める変更をし、当該変更後の確認を受けていない場合には、本申請と併せて同条第 9 項の規定により読み替えられた前条第 4 項に定める書類を添付する。

（別紙）

先代事業者の特定個人事業資産等について

先代事業者の相続発生年の前年における特定個人事業資産等に係る明細表					
種別		内容	利用状況	帳簿価額	運用収入
有価証券				(1)　　　　円	(10)　　　　円
不動産	現に自ら使用しているもの			(2)　　　　円	(11)　　　　円
	現に自ら使用していないもの			(3)　　　　円	(12)　　　　円
ゴルフ場その他の施設の利用に関する権利	販売することを目的として有するもの			(4)　　　　円	(13)　　　　円
	販売することを目的としないで有するもの			(5)　　　　円	(14)　　　　円
絵画、彫刻、工芸品その他の有形の文化的所産である動産、貴金属及び宝石	販売することを目的として有するもの			(6)　　　　円	(15)　　　　円
	販売することを目的としないで有するもの			(7)　　　　円	(16)　　　　円
現金、預貯金等	現金及び預貯金その他これらに類する資産			(8)　　　　円	(17)　　　　円
	先代事業者及び特別関係者（施行規則第1条第25項に掲げる者をいう。）に対する貸付金及び未収金その他これらに類する資産			(9)　　　　円	(18)　　　　円
特定個人事業資産の帳簿価額の合計額	(19)=(1)+(3)+(5)+(7)+(8)+(9)　　　　円		特定個人事業資産の運用収入の合計額		(21)=(10)+(12)+(14)+(16)+(17)+(18)　　　　円
資産の帳簿価額の総額	(20)　　　　円		総収入金額		(22)　　　　円

特定個人事業資産の帳簿価額等の合計額が資産の帳簿価額等の総額に対する割合	(23)=(19)/(20) ％	特定個人事業資産の運用収入の合計額が総収入金額に占める割合	(24)=(21)/(22) ％

やむを得ない事由により資産保有型事業又は資産運用型事業に該当した場合

該当した日	年　　月　　日
その事由	
解消見込時期	年　　月頃

（記載要領）

① 単位が「％」の欄は小数点第1位までの値を記載する。

② 「先代事業者の相続発生年の前年における特定個人事業資産等に係る明細表」については、被相続人が営んでいた特定事業用資産に係る事業の相続発生年の前年における青色申告書の貸借対照表に計上されていた資産の金額を記載する。

③ 「特定個人事業資産」又は「運用収入」については、該当するものが複数ある場合には同様の欄を追加して記載する。

④ 申請者が施行規則第6条第17項に該当する場合には、「相続開始」を「贈与」と、「相続の直前における当該特定事業用資産に係る事業又はこれと同種の事業への従事の有無」を「贈与の日前3年以上にわたる当該特定事業用資産に係る事業又はこれと同種の事業への従事の有無」と読み替える。

⑤ 「やむを得ない事由により資産保有型事業又は資産運用型事業に該当した場合」については、その該当した日、その理由及び解消見込時期を記載する。

様式第8の6

第二種相続認定個人事業者に係る認定申請書

年　　月　　日

都道府県知事　　殿

郵　便　番　号
住　　　　　所
電　話　番　号
氏　　　　　名　　　　　印

　中小企業における経営の承継の円滑化に関する法律第12条第1項の認定（同法施行規則第6条第16項第10号の事由に係るものに限る。）を受けたいので、下記のとおり申請します。

記

1　第一種認定贈与又は第一種認定相続について

本申請に係る認定にあたり必要な施行規則第6条第16項第7号の事由に係る第一種認定贈与又は第8号の事由に係る第一種認定相続の有無	□有　（　　　　　年　　　月　　　日認定）　□無　（　　　　　年　　　月　　　日提出）
当該贈与者（当該被相続人）	
第一種贈与（相続）認定個人事業者	
□当該贈与の日　□当該相続の開始の日	年　　　月　　　日
主たる事業内容	
第二種相続時における常時使用する従業員数	人

2　被相続人（生計一親族等）及び第二種相続認定申請個人事業者について

相続開始の日		年　　　月　　　日
第二種相続申請基準日		年　　　月　　　日
相続税申告期限		年　　　月　　　日
被相続人	氏名	

	最後の住所	
	相続開始の直前（先代事業者が死亡している場合には、先代事業者の相続の開始の直前）における先代事業者との関係	□生計一親族等 □生計一親族等以外
第二種相続認定申請個人事業者	氏名	
	住所	
	相続の開始の直前における被相続人との関係	□直系卑属 □直系卑属以外の親族 □親族外
	下記の事項についての認定経営革新等支援機関の確認の有無。	□有 （　　年　　月　　日確認） □無
	被相続人が有していた、先代事業者が営んでいたその事業に係る特定事業用資産の全て(*1)を相続又は遺贈により取得していること	
	第二種相続申請基準日まで、(*1)のうち租税特別措置法 70 条の 6 の 10 第 1 項の適用を受けようとする特定事業用資産の全部を有し、かつ自己の事業の用に供している又は供する見込みであること	

（備考）

① 用紙の大きさは、日本工業規格 A4 とする。

② 記名押印については、署名をする場合、押印を省略することができる。

③ 申請書の写し及び施行規則第 7 条第 13 項の規定により読み替えられた同条第 11 項各号に掲げる書類を添付する。

④ 「施行規則第 17 条第 1 項第 3 号の確認（施行規則第 18 条第 7 項又は第 8 項の変更の確認をした場合には変更後の確認）に係る確認事項」については、当該確認を受けていない場合には、本申請と併せて施行規則第 17 条第 4 項各号に定める書類を添付する。また、施行規則第 18 条第 7 項又は第 8 項に定める変更をし、当該変更後の確認を受けていない場合には、本申請と併せて同条第 9 項の規定により読み替えられた前条第 4 項に定める書類を添付する。

様式第 17 の 2

施行規則第 13 条第 7 項の規定による確認申請書

（切替確認書）

年　　月　　日

都道府県知事　殿

郵　便　番　号
会　社　所　在　地
電　話　番　号
氏　　　名　　　　　印

　中小企業における経営の承継の円滑化に関する法律施行規則第 13 条第 6 項（当該規定が準用される場合を含む。）の規定により、以下の確認を受けたいので、下記のとおり申請します。

記

1　申請者の種別について

申請者の種別	□第一種贈与認定個人事業者等	□第二種贈与認定個人事業者等
認定年月日及び番号		年　　月　　日　（　　　号）

2　当該贈与認定個人事業者等について

氏名	
住所	
先代事業者の相続の開始の直前における先代事業者との関係	□直系卑属 □直系卑属以外の親族 □親族外
主たる事業内容	
先代事業者の相続の開始の日	年　　月　　日
当該相続の開始の日の常時使用する従業員数	人

先代事業者の相続の開始の日の翌日の属する年の前年における特定個人事業資産等に係る明細表

種別		内容	利用状況	帳簿価額	運用収入
有価証券				(1)　円	(10)　円
不動産	現に自ら使用しているもの			(2)　円	(11)　円
	現に自ら使用していないもの			(3)　円	(12)　円
ゴルフ場その他の施設の利用に関する権利	販売することを目的として有するもの			(4)　円	(13)　円
	販売することを目的としないで有するもの			(5)　円	(14)　円
絵画、彫刻、工芸品その他の有形の文化的所産である動産、貴金属及び宝石	販売することを目的として有するもの			(6)　円	(15)　円
	販売することを目的としないで有するもの			(7)　円	(16)　円
現金、預貯金等	現金及び預貯金その他これらに類する資産			(8)　円	(17)　円
	贈与認定個人事業者等及び特別関係者に対する貸付金及び未収金その他これらに類する資産			(9)　円	(18)　円

特定個人事業資産の帳簿価額の合計額	(19)=(1)+(3)+(5)+(7)+(8)+(9)　円	特定個人事業資産の運用収入の合計額	(21)=(10)+(12)+(14)+(16)+(17)+(18)　円
資産の帳簿価額の総額	(20)　円	総収入金額	(22)　円
施行規則第 1 条第 26 項第 3 号に規定する必要経費不算入対価等		必要経費不算入となる対価又は給与	(23)　円
特定個人事業資産の帳簿価額等の合計額	(24)=((19)+(23))/((20)+(23))	特定個人事業資産の運用収入の	(25)=(21)/(22)

が資産の帳簿価額等の総額に対する割合	％	合計額が総収入金額に占める割合	％

3　やむを得ない事由により資産保有型事業又は資産運用型事業に該当した場合

該当した日	年　　　月　　　日
その事由	
解消見込時期	年　　　月頃

（備考）

① 用紙の大きさは、日本工業規格 A4 とする。

② 記名押印については、署名をする場合、押印を省略することができる。

③ 本様式における第一種贈与認定個人事業者等に係る規定は、第二種贈与認定個人事業者等について準用する。なお、本様式において「贈与認定個人事業者等」とある場合は、報告者の種別に合わせてそれぞれ対応する語句に読み替えるものとする。

④ 報告書の写し及び施行規則第 13 条第 7 項各号（当該規定が準用される場合を含む。）に掲げる書類を添付する。

（記載要領）

① 単位が「％」の欄は小数点第 1 位までの値を記載する。

② 「先代事業者の相続の開始の日」については、贈与認定個人事業者が有する特定事業用資産を法第 12 条第 1 項の認定に係る贈与をした先代事業者のうち最も古い時期に当該贈与認定個人事業者が有する特定事業用資産を法第 12 条第 1 項の認定に係る受贈をした者に、贈与をした者の相続の開始の日を記載する。

③ 「先代事業者の相続の開始の日の翌日の属する年の直前の年末以前の 1 年間における特定個人事業資産等に係る明細表」については、申請者の随時報告基準日の属する年の前年における特定事業用資産の事業所得に係る青色申告書の貸借対照表に計上されている資産の金額を記載する。

④ 「特定個人事業資産等」又は「運用収入」については、該当するものが複数ある場合には同様の欄を追加して記載する。

⑤ 「施行規則第 1 条第 26 項第 3 号に規定する必要経費不算入対価等」については、申請者の特定事業用資産に係る事業に従事したことその他の事由により特別関係者（同条第 25 項に掲げる者をいう。）が当該申請者から支払いを受けた対価又は給与のうち、所得税法第 56 条又は第 57 条の規定により、申請者の事業所得の計算上損金の額に算入されるもの以外の額を記載する。

⑥ 「やむを得ない事由により資産保有型事業又は資産運用型事業に該当した場合」については、その該当した日、その理由及び解消見込時期を記載する。

様式第17の3

施行規則第13条第10項の規定による確認申請書

（法人成りをした場合における切替確認書）

年　　月　　日

都道府県知事　殿

郵　便　番　号
会 社 所 在 地
電　話　番　号
氏　　　名　　　　　印

　中小企業における経営の承継の円滑化に関する法律施行規則第13条第9項（当該規定が準用される場合を含む。）の規定により、以下の確認を受けたいので、下記のとおり申請します。

記

1　申請者の種別について

申請者の種別	□第一種贈与認定個人事業者等	□第二種贈与認定個人事業者等
認定年月日及び番号		年　　月　　日（　　　号）

2　贈与認定個人事業者等について

氏名	
住所	
先代事業者の相続の開始の直前における先代事業者との関係	□直系卑属 □直系卑属以外の親族 □親族外
先代事業者の相続の開始の日	年　　月　　日
租税特別措置法第70条の6の8第6項又は第70条の6の10第6項に規定する承認	□有（　　年　　月　　日承認） □無

3 贈与認定個人事業者等が特定事業用資産を現物出資することで設立された会社について

現物出資を行った日			年　　月　　日		
主たる事業内容					
資本金の額又は出資の総額			円		
当該相続の開始の日の常時使用する従業員数			人		

先代事業者の相続の開始の日の翌日の属する事業年度の直前の事業年度（　年　月　日から　年　月　日まで）における特定資産等に係る明細表

種別		内容	利用状況	帳簿価額	運用収入
有価証券	特別子会社の株式又は持分（(*1)を除く。）			(1)　　円	(12)　　円
	資産保有型子会社又は資産運用型子会社に該当する特別子会社の株式又は持分(*1)			(2)　　円	(13)　　円
	特別子会社の株式又は持分以外のもの			(3)　　円	(14)　　円
不動産	現に自ら使用しているもの			(4)　　円	(15)　　円
	現に自ら使用していないもの			(5)　　円	(16)　　円
ゴルフ場その他の施設の利用に関する権利	事業の用に供することを目的として有するもの			(6)　　円	(17)　　円
	事業の用に供することを目的としないで有するもの			(7)　　円	(18)　　円
絵画、彫刻、工芸品その他の有形の文化的所産である動産、貴金属及び宝石	事業の用に供することを目的として有するもの			(8)　　円	(19)　　円
	事業の用に供することを目的としないで有するもの			(9)　　円	(20)　　円
現金、預貯金等	現金及び預貯金その他これらに類する資			(10)　　円	(21)　　円

	産				
	当該贈与認定個人事業者等及び当該贈与認定個人事業者等に係る特別関係者（施行規則第 1 条第 25 項に掲げる者をいう。）に対する貸付金及び未収金その他これらに類する資産			(11) 円	(22) 円
特定資産の帳簿価額の合計額	(23)=(2)+(3)+(5)+(7)+(9)+(10)+(11) 円		特定資産の運用収入の合計額	(28)=(13)+(14)+(16)+(18)+(20)+(21)+(22) 円	
資産の帳簿価額の総額	(24)　　　　円		総収入金額	(29)　　　　円	
先代事業者の相続の開始の日の翌日の属する事業年度の直前の事業年度終了の日以前の 5 年間に当該認定個人事業者等及び当該認定個人事業者等に係る特別関係者に対して当該会社から支払われた剰余金の配当等及び損金不算入となる給与の金額			剰余金の配当等	(25) 円	
			損金不算入となる給与	(26) 円	
特定資産の帳簿価額等の合計額が資産の帳簿価額等の総額に対する割合	(27)=((23)+(25)+(26))/((24)+(25)+(26)) 　　　　％		特定資産の運用収入の合計額が総収入金額に占める割合	(30)=(28)/(29) 　　　　％	
総収入金額（営業外収益及び特別利益を除く。）				円	

4　やむを得ない事由により資産保有型会社又は資産運用型会社に該当した場合

該当した日	年　　　月　　　日
その事由	
解消見込時期	年　　　月頃

5　相続の開始の時における特別子会社について

区分	特定特別子会社に　該当 / 非該当
会社名	

会社所在地				
主たる事業内容				
総株主等議決権数		(a)		個
株主又は社員	氏名（会社名）	住所（会社所在地）	保有議決権数及びその割合	
			(b)	個
			(b)/(a)	％

（備考）

①　用紙の大きさは、日本工業規格 A4 とする。

②　記名押印については、署名をする場合、押印を省略することができる。

③　本様式における第一種贈与認定個人事業者等に係る規定は、第二種贈与認定個人事業者等について準用する。なお、本様式において「認定個人事業者等」、「先代事業者」又は「特定事業用資産」とある場合は、報告者の種別に合わせてそれぞれ対応する語句に読み替えるものとする。

④　報告書の写し及び施行規則第13条第10項各号（当該規定が準用される場合を含む。）に掲げる書類を添付する。

（記載要領）

①　単位が「％」の欄は小数点第1位までの値を記載する。

②　「先代事業者の相続の開始の日」については、贈与認定個人事業者等が有する特定事業用資産を法第12条第1項の認定に係る贈与をした先代事業者のうち最も古い時期に当該贈与認定個人事業者等が有する特定事業用資産を法第12条第1項の認定に係る受贈をした者に、贈与をした者の相続の開始の日を記載する。

③　「先代事業者の相続の開始の日の翌日の属する事業年度の直前の事業年度における特定資産等に係る明細表」については、当該贈与認定個人事業者等が所有する特定事業用資産を現物出資することで設立された会社の貸借対照表に計上されている資産の金額を記載する。

④　「特定資産等」又は「運用収入」については、該当するものが複数ある場合には同様の欄を追加して記載する。

⑤　「損金不算入となる給与」については、法人税法第34条及び第36条の規定により申請者の各事業年度の所得の金額の計算上損金の額に算入されないこととなる給与（債務の免除による利益その他の経済的な利益を含む。）の額を記載する。（施行規則第6条第2項の規定によりそれぞれに該当しないものとみなされた場合には空欄とする。）

⑥　「総収入金額（営業外収益及び特別利益を除く。）」については、会社計算規則（平

成 18 年法務省令第 13 号）第 88 条第 1 項第 4 号に掲げる営業外収益及び同項第 6 号に掲げる特別利益を除いて記載する。

⑦　「やむを得ない事由により資産保有型会社又は資産運用型会社に該当した場合」については、その該当した日、その理由及び解消見込時期を記載する。

様式第 21 の 3

施行規則第 17 条第 4 項の規定による確認申請書

（個人事業承継計画）

　　　　　　　　　　　　　　　　　　　　　　　　年　　月　　日

都道府県知事　殿

　　　　　　　　　　　　　　　　　　郵 便 番 号
　　　　　　　　　　　　　　　　　　住　　　所
　　　　　　　　　　　　　　　　　　電 話 番 号
　　　　　　　　　　　　　　　　　　氏　　　名　　　　　　印

　中小企業における経営の承継の円滑化に関する法律施行規則第 17 条第 1 項第 3 号の確認を受けたいので、下記のとおり申請します。

記

1　特定事業用資産に係る事業について

主たる事業内容	
常時使用する従業員の数	人

2　先代事業者について

先代事業者の氏名	

3　個人事業承継者について

個人事業承継者の氏名	

4　先代事業者が有する特定事業用資産を個人事業承継者が取得するまでの期間における経営の計画について

特定事業用資産を承継する時期（予定）	年　月　〜　年　月

当該時期までの経営上の課題	
当該課題への対応	

5　個人事業承継者が特定事業用資産を承継した後の経営計画

具体的な実施内容

（備考）

①　用紙の大きさは、日本工業規格 A4 とする。

②　記名押印については、署名をする場合、押印を省略することができる。

③　申請書の写し（別紙を含む）及び施行規則第 17 条第 4 項に定める書類を添付する。

④　別紙については、中小企業等経営強化法に規定する認定経営革新等支援機関が記載する。

⑤　認定経営革新等支援機関名については、中小企業庁ホームページ等で公表する場合がある。

（記載要領）

①　申請は個人事業承継者が行うものとし、郵便番号・住所・電話番号・氏名は、「個人事業承継者」の内容を記載する。

②　「2　先代事業者について」は、本申請を行う時における個人である中小企業者を記載する。

③　「4　先代事業者が有する特定事業用資産を個人事業承継者が取得するまでの期間における経営の計画について」は、特定事業用資産を個人事業承継者が取得した後に本申請を行う場合には、記載を省略することができる。

（別紙）

認定経営革新等支援機関による所見等

1　認定経営革新等支援機関の名称等

認定経営革新等支援機関ID番号	
認定経営革新等支援機関の名称	印
（機関が法人の場合）代表者の氏名	
住所又は所在地	

2　指導・助言を行った年月日
　　　　　　年　　月　　日

3　認定経営革新等支援機関による指導・助言の内容

＜執筆者紹介＞

北澤　淳（税理士）

税理士法人山田＆パートナーズ　マネージャー

2009年慶応義塾大学経済学部卒。2011年税理士法人山田＆パートナーズ入所。

2016年10月　経済産業省　中小企業庁　事業環境部　財務課（税制専門官）。事業承継税制（平成29年度、平成30年度税制改正）の改正、個人版事業承継税制の草案の作成、事業承継税制の前提となる経営承継円滑化法の政省令改正、マニュアル作成等をはじめ、会計検査院対応、認定等を行う都道府県庁に対する助言等を行う。

2018年10月　現職。

小林　大輔（税理士）

税理士法人山田＆パートナーズ　パートナー

1997年慶應義塾大学文学部卒業後、小売業に入社。その後2004年9月税理士法人山田＆パートナーズ入所。資産税を得意としており、地権者に対する相続対策コンサルティングや中堅・中小企業オーナー向けの事業承継コンサルティング業務に従事している。毎年多くの相続税申告に携わっているほか、講演会や相談会対応も行っている。

山口　万央

税理士法人山田＆パートナーズ

2017年　立命館大学大学院法学研究課修了。同年税理士法人山田＆パートナーズ　入社。中堅・中小企業及びそのオーナーに対するコンサルティングを得意としている。

<監修者紹介>

税理士法人山田＆パートナーズ

〒100-0005

東京都千代田区丸の内一丁目8番1号　丸の内トラストタワーN館8階

ＴＥＬ：03-6212-1660

ＵＲＬ：https://www.yamada-partners.gr.jp/

人員数：747名（2019年4月1日現在）

地方拠点：札幌事務所、盛岡事務所、仙台事務所、北関東事務所、横浜事務所、新潟事務所、金沢事務所、静岡事務所、名古屋事務所、京都事務所、大阪事務所、神戸事務所、広島事務所、高松事務所、福岡事務所（2019年4月1日現在）

Q&Aで理解する！
個人版事業承継税制の仕組みと手続き

令和元年 6 月 7 日　　初版第 1 刷印刷	（著者承認検印省略）
令和元年 6 月 20 日　　初版第 1 刷発行	

監修者　税理士法人　山田＆パートナーズ

ⓒ　編著者　北　澤　　　淳

発行所　税 務 研 究 会 出 版 局

週 刊「税務通信」「経営財務」発行所

代表者　山　根　　　毅

〒100-0005

東京都千代田区丸の内1-8-2　鉄鋼ビルディング

振替00160-3-76223

電　話［書 籍 編 集］03（6777）3463
　　　［書 店 専 用］03（6777）3466
　　　［書 籍 注 文］03（6777）3450
　　　（お客さまサービスセンター）

各事業所　電話番号一覧

北 海 道	011（221）8348	関　　西	06（6943）2251
東　　北	022（222）3858	中　　国	082（243）3720
関　　信	048（647）5544	九　　州	092（721）0644
中　　部	052（261）0381	神 奈 川	045（263）2822

当社HP　https://www.zeiken.co.jp

乱丁・落丁の場合は、お取替え致します。　　印刷・製本　三松堂株式会社

ISBN978-4-7931-2470-9

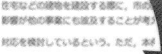

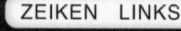
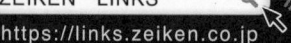